Thomas Meixner

AF286010

Rundherum

Geschichte einer Weltreise

Manuela Kinzel Verlag

Manuela Kinzel Verlag
Johannisstr. 12 ★ 06844 Dessau
Tel. 0340 / 2202646

73037 Göppingen
Tel. 07165 / 929 399

www.manuela-kinzel-verlag.de
info@manuela-kinzel-verlag.de

ISBN 978-3-934071-64-3

Rundherum – Geschichte einer Weltreise

Acht Jahre nach dem „Fall der Mauer", im Zeitalter der Reisefreiheit für die Neu-Bundesbürger stand ich am 1. Mai 1998 am Start, mitten in der Plattensiedlung Wolfen-Nord. Viele Freunde, Bekannte, sogar der Bürgermeister meiner Heimatstadt und Vertreter der lokalen Presse hatten sich eingefunden, um mich zu verabschieden. Unser Team: mein bepacktes Fahrrad „Else" (so getauft nach einem Dick-und-Doof-Film) und ich, in Radklamotten, wurden bestaunt, die nagelneuen Packtaschen misstrauisch begutachtet – da sollte alles drin sein für so eine lange Reise? Ob der das bis Sydney schafft? Viele Fragen sah ich in den Augen der neugierigen Menschen. Aber ich kannte das „Travellersprichwort" aus vielen kleinen Reisen, die es vor der kommenden Mammuttour gegeben hatte: „Der Weg ist das Ziel". Und dann gab es noch das Motto aus der Zeit der Goldschürfer in Alaska vor mehr als 100 Jahren: „Lieber gescheitert als es nie versucht zu haben". Und versuchen musste ich es einfach.

Vier Jahre hatte ich mich vorbereitet, jede entbehrliche Mark auf mein Reisekonto eingezahlt, mein Hausrat war schon seit Wochen in Kisten verpackt und in einer Scheune verstaut. Der letzte und schwerste Schritt war die Kündigung meiner Arbeitsstelle in einem Fahrradshop. Immerhin hatte ich sechs Jahre dort nicht nur mein Auskommen, sondern im Laufe der Zeit war in dem kleinen Dreimannbetrieb zwischen Reparatur und Ersatzteilverkauf ein familiäres Klima entstanden. Aber, was sollte ich machen, das Fernweh war stärker; der Drang, in fremde Länder zu reisen, Exotisches zu sehen und in fremde Kulturen einzutauchen, brannte in mir.

Als 14 Uhr der Spielmannszug unserer Stadt „Muss i denn, muss i denn zum Städtele hinaus" intonierte, atmete ich auf, froh, dass der Trubel endlich vorbei war und die Räder sich drehten. Ostwärts ging's Richtung Polen, Russland, Kasachstan, China... unvorstellbar und sooo weit weg! Aber

Stück für Stück und Tag für Tag den Weg erleben – jetzt hielt mich nichts mehr auf.

...und in zweieinhalb Jahren, wenn alles gut geht, bin ich am Ziel! Dann beginnen die Olympischen Spiele in Sydney. Dort wollte ich meinen Beitrag leisten und zeigen, dass es um Sport und Spaß geht und sich nicht alles nur um Geld, Sponsoring und Korruption dreht.

Bei mir ging es erst einmal um etwas ganz anderes. Noch nie war ich eine so lange Zeit allein unterwegs gewesen, noch nie so weit weg von zu Hause und von der Heimat und in so fremden Kulturen. Würde man mich überhaupt in China reinlassen? Und was wird an der Grenze zu Tibet, wenn ich nicht durchfahren darf? Komme ich mit großen Höhen klar? Fragen über Fragen schossen mir durch den Kopf. Aber noch rollten die Räder auf verstaubtem Weg in Richtung Spreewald. Zwei Freunde, Steffen und Thomas, begleiteten mich noch die ersten zehn Tage durch Polen. Dann, hinter Terespol/Brest, an der Grenze zu Weißrussland, würde ich endgültig ganz allein sein.

Nach diesen ersten Tagen Alleinfahrt mit meiner Else stellte ich sehr schnell fest, dass man eigentlich nie allein war. Auch das sollte sich in den nächsten dreieinhalb Jahren nicht ändern. Viele Menschen traf ich, viele sprachen mich einfach an, luden mich zu sich ein. Das ist ein großes Plus des Alleinradelns: Man ist auf „leisen Socken" unterwegs, langsam und immer live im Leben bzw. auf der Straße, ohne Begleitung. Und da der Mensch - also auch ich - Kontakt mit anderen Menschen braucht, ist man immer auf der Suche nach Kommunikation. Und das geht am einfachsten mit „Einheimischen". Auf diese Weise tauchte ich immer tief ein in das Leben, die Sorgen, Ängste und die Nöte der Menschen des jeweiligen Landes. Aber auch lustige und fröhliche Zeiten konnte ich mit meinen Gastgebern teilen.

Schon in den ersten Wochen und Monaten dieser Riesentour, nach wenigen Erfahrungen merkte ich, dass mein eigentliches Ziel nicht die großen touristischen Attraktionen (z.B.: das Taj Mahal in Indien oder der Eyes Rock in Australien) sein werden, sondern die Menschen: Einheimische oder Reisende wie ich. Auch wenn man sich nur kurz begegnete, so konnte ich doch stets etwas mitnehmen und das gab mir Kraft auf meinem weiteren Weg.

Es war eigentlich egal, auf welcher Route ich mich befand, immer gab es etwas zu entdecken: in einem kleinen Gespräch, auf einem Markt in einem Dorf oder am Wegesrand. Menschen, Tiere, Pflanzen, man musste nur aufmerksam schauen. Ich stellte schnell fest, dass die Menschen außerhalb der Touristenstraßen offener und freundlicher, ja sanfter waren.

Ähnlich wie an der Strecke von Lhasa nach Katmandu, an der Kinder auf die Tojotageländewagen mit Sieben-Tags-Touristen warteten, um sich ein paar Geldstücke zu erhaschen, ging es an allen „Pauschal-Touristen-Zielen" zu. Da bekommen die Einheimischen und die Touristen ein falsches Bild voneinander. Ich fand es beschämend, wie mit ein paar Süßigkeiten das Gewissen beruhigt wird und diese Gesten als Hilfe verstanden werden.

Und als ich mit meiner „Else" kam, bettelten die Kinder mich auch an. Ich hatte natürlich nicht die erhofften „Gaben" und so kamen dann auch schon mal Steine geflogen. Und schließlich hatte ich Angst vor jedem kleinen Dorf, das ich durchfahren musste.

Auf der Strecke von Golumd (China) nach Lhasa konnte ich das Phänomen nicht beobachten. Dort hat das Reisen großen Spaß gemacht. War es in Tibet eher die körperliche Herausforderung, so kamen in Indien andere Aufgaben auf mich zu. Hier waren die Menschen zwar nicht unfreundlich, aber oftmals aufdringlich neugierig. Oft gab es wegen mir regelrechte Massenaufläufe. Dieses Land war ein Extrem in vielerlei Hinsicht. Hier trafen alle Gegensätze fast täglich aufeinander: Schön und Hässlich, Arm und Reich. Dazu kam noch der chaotische Straßenverkehr, durch den ich mich mit meinem Rad durchkämpfen musste oder wollte. Hier, auf diesem Subkontinent, musste ich viel lernen. Zwar sollte man das als Reisender immer, sonst versteht man die alltäglichsten Dinge nicht, aber spätestens hier in Indien wurde mir klar, dass unsere Gesellschaft mit ihren Werten und Denkschemen nicht der Maßstab aller Dinge ist.

Cirka sechs Monate bereiste ich Indien, anschließend Bangladesch; dieser Reiseabschnitt, einschließlich Tibet und Nepal war, im Nachhinein gesehen, der interessanteste und exotischste meiner Weltreise.

Burma (Myan Mar) war ein Land, das mir verschlossen blieb. Da es keine Möglichkeit gab, von Indien bzw. Bangladesch aus nach Thailand zu kommen, blieb mir nur der Flug von Kalkutta nach Bangkok.

Südostasien war erreicht und das bedeutete für mich: Thailand, Laos - die buddhistischen Länder, dann Malaysia und Indonesien - als vorwiegend islamisch geprägte Länder. Hier gab es ein meist feuchtes und warmes Klima, an das ich mich schnell gewöhnte. Mir blieb ja auch gar nichts anderes übrig, wollte ich mit meinem Rad vorwärts kommen. Vor allem in Thailand und Laos gibt es viele buddhistische Klöster am „Wegesrand" mit sehr freundlichen Mönchen, so dass ich in diesen Ländern oftmals in den sogenannten What nächtigen konnte. Oft leisteten mir die neugierigen, aber zurückhaltenden Mönche Gesellschaft und wir saßen bis spät in die Nacht hinein zusammen und tauschten uns aus „über Gott und die Welt".

In Malaysia gab es ein Erlebnis außergewöhnlicher Art, was dieses Land in besondere Erinnerung taucht. In JohorBahru, ganz im Süden - man kann schon fast Singapur sehen - wollte ich in einer Autowerkstatt meinen Benzinkocher reparieren lassen. Ich kam - wie schon so oft - in ein Gespräch. Es war Freitagnachmittag. „Was, du fährst bis Australien mit dem Rad?", fragte mich ein etwas unansehnlicher junger Mann mit pechschwarzen Haaren, „hast du heute schon etwas vor?" - „Was soll ich denn vorhaben?", fragte ich zurück. „Heute Abend gehen wir in die Disco. Und außerdem muss ich dich meiner Familie vorstellen."

„Else" wurde fürs erste in die Autowerkstatt geschoben und eingeschlossen. Rein ins Auto und los ging es zur Familie. Und dort blieb ich - wie es so oft unerwartet passierte - für mehrere Tage „hängen". Diese freundliche islamische Familie behandelte mich wie einen Sohn und ich musste zur Frau des Hauses „Ma" sagen. -

Und so kann ich viele Geschichten von Begegnungen, Hilfen und Gastfreundschaften erzählen.

Dann ging das große „Inselspringen" los: Den Anfang der Indonesischen Inseln, die ich durchradelte, machte Sumatra. Die Stadt Medan war meine erste Station, dann ging es weiter nach Java, Bali, Lombok, Sumbawa, Flores bis nach Kupang auf Timor...

Abschied

Es war schon ein eigenartiger Tag, dieser 1. Mai, und ein sonniger dazu. Der Spielmannszug intonierte: „Muss i denn, muss i denn zum Städtele hinaus...", viele Freunde, interessierte oder einfach nur neugierige Einwohner hatten sich versammelt, um mir Lebewohl zu sagen. Ein paar waren mit Fahrrädern angetreten, um die ersten Kilometer mitzustrampeln. Der Bürgermeister, der ebenfalls demonstrativ mit seinem Drahtesel am Start war, sagte mit einem verschmitzten Lächeln, in dem auch etwas Zweifel zu erkennen war: „So, los jetzt, ich muss zum Kaffee." Es war kurz nach zwei Uhr am Nachmittag und nun ging es wirklich los. Ein paar Tränen, die ich nicht mehr unterdrücken konnte, kullerten mir heimlich die Wangen runter. Ein komisches Gefühl: hinter mir Freunde, die klatschende Menge, der Spielmannszug, Zeitungsleute, die mich mit jeder Menge Fragen noch vor ein paar Minuten gelöchert hatten und auch meine kurze Ansprache war überstanden.

Der ganze Vorbereitungsstress, der sich bis zur letzten Sekunde ins Unendliche zu komprimieren schien, hatte sich in nichts aufgelöst und war vergessen.

Entspannung machte sich breit, die sich mit Zweifel und etwas Lampenfieber meinen Kopf teilte. Wusste ich wirklich, worauf ich mich da einließ? Allein mit dem Fahrrad auf der „langen Meile", allein durch Wüste und Dschungel, allein für Monate oder Jahre auf tausenden Kilometern! Aber da war auch der vertraute gleichmäßige Rhythmus - das Auf und Ab der Pedalen unter mir, den ich von vielen vergangenen Radreisen her kannte, und mir fiel das Sprichwort ein „Lieber gescheitert, als es nie versucht zu haben", das wohl noch vom Goldrausch in Alaska stammt. Also, was konnte schief gehen?! Jedenfalls war Else, so hatte ich mein mit stabilem Rahmen und 26er Rädern ausgestattetes Vehikel getauft, in technischer Hinsicht in guten Händen. Die letzten Jahre verbrachte ich in der Werkstatt eines Fahrradgeschäftes und hatte mir dort meine „Brötchen" verdient.

Der Nachmittag verging wie im Fluge und ich strampelte wie wild in den Abend, um den Abstand von zu Hause möglichst schnell zu vergrößern. So glaubte ich, auch schneller Abstand zum alltäglichen deutschen Alltag, in dem ich bisher mehr oder weniger gefangen war, zu gewinnen. Ich war frei, alles lag vor mir. Die ganze Zeit, das Unbekannte, alle Erlebnisse und Abenteuer schienen sich unendlich in die Zukunft auszubreiten.

Ich wurde aus meinen Gedanken gerissen, als Steffen und Thomas- zwei Begleiter, die sich das Abenteuer Polen mit mir teilen wollten- mich fragten, wo wir schlafen wollten, denn es sei schon spät und Zeit für die Suche eines Schlafplatzes für die Nacht. „Keine Ahnung", rief ich zurück, „es wird sich schon was finden!"

Unser Dreierteam bewegte sich kurbelnderweise südlich von Warschau durchs ländliche Polen auf die weißrussische Grenze und die Stadt Brest zu.

Das Dreierteam im Osten von Polen

Dawei

Später Vormittag, 10. Mai: Polen war geschafft. Für meine Begleiter eine Megatour, für mich nur der kleine Anfang. Bei dem Gedanken, dass es bis Nowosibirsk, meinem östlichsten Punkt in Russland, nur kurze, nicht nennenswerte 5 000 km sind, kamen mir die 1 000 km bis Terespol wie eine leichte Aufwärmübung vor. Am Schlagbaum zu Weißrussland trennten sich unsere Wege. Für Steffen und Thomas fuhr ein Zug in Richtung Heimat, auf mich warteten neue Abenteuer, einzige Begleitung: meine „Else". Langsam und mit weichen Knien schob ich mein Fahrrad zum polnischen Grenzposten, kramte meinen roten Pass mit dem goldenen Adler vor und wurde sogleich durchgewinkt. Angespannt stand ich an der Grenze zu Weißrussland, das mal dem kommunistischen Riesenland Sowjetunion angehörte. Ich wusste, dass mein Visum ein halb illegales war. Offiziell war ich zu einer Studienreise nach St. Petersburg unterwegs. Das war die einzige Möglichkeit, länger als drei bis vier Wochen im russischen Territorium auf eigene Faust zu reisen. Ich schob den Pass durch die kleine Luke und wartete. Dann kamen die peinlichen Fragen: „Wohin? Und warum? Und..." - „Jetzt muss ich alle Register ziehen", schoss es mir durch den Kopf. Schnell öffnete ich meine wasserdichte Lenkertasche, die über meinem 5-Liter-Wassertank thronte, und schob mein Empfehlungsschreiben, das vom Nationalen Olympischen Komitee in Frankfurt ausgestellt worden war, hinterher. Das Ziel meiner Tour war es, die im September 2000 in Sydney stattfindenden Olympischen Spiele mit Pedalpower zu erreichen. Jetzt fing das große Warten an. Ich fühlte mich wie ein werdender Vater vor einer Entbindungsstation. Was ist, wenn ich nicht weiterkomme – undenkbar?! Alle Vorbereitungen wären vergebens gewesen. Ich müsste mich total neu orientieren und... ich wollte das nicht weiterspinnen. Nach einer knappen Stunde, die mir wie eine Ewigkeit vorkam, wurde ich zum Chef gebeten. Jetzt stand ich hier vor dem großen „Zollguru" und wartete das Urteil ab, gleich einem Angeklagten vor einem Richter. Er schaute mir ein paar Sekunden in die Augen, Schweigen. Seine rechte Hand umfasste den Stempel, feuchtete ihn am Stempelkissen an und dann kam in einem strengen väterlichen Ton: „Dawei" (schnell)! Der Stempel war im Pass und der Weg nach Osten frei.

Es war ein warmer, ja fast heißer Tag, dieser erste, allein in einem neuen Land. An Brest war ich schnell vorbei - der Stadt, die den Deutschen im zweiten Weltkrieg erbitterten Widerstand geleistet und die ich flüchtig von einer Trabant-Abenteuer-Tour her kannte. Damals, im August 1993, waren wir fünfzehn Leute, die mit „Trabbis" in Richtung Westsibirien aufgebrochen waren, um dort ein Floß zu bauen. Jetzt fuhr ich allein und ohne Motor durch diesen Landstrich, hatte keine Ahnung, wo ich die Nacht verbringen würde. 120 km lagen hinter mir. So langsam musste ich mich entschließen, auf die Suche zu gehen nach einem Ort der Ruhe für die hereinbrechende Nacht. Ich hielt an und grübelte, was zu tun sei. Im selben Augenblick hielt ein alter Moskwitsch (ein für Russland typisches Auto). Eine Frau, ein Mann und Kinder stiegen aus, umkreisten unser Duo („Else" und mich) neugierig und sprachen mich auf Russisch an. Ich verstand fast kein Wort und ärgerte mich, dass ich nach sechs Schuljahren Russischunterricht in einer DDR-Schule diese Sprache nicht beherrschte. Ich lächelte und gestikulierte mit Händen und Füßen; sie machten dasselbe, was uns alle zum Lachen brachte. Ich verstand schnell, dass ich ins nächste Dorf für die Nacht eingeladen war. Das ließ ich mir nicht zweimal sagen, schwang mich mit Freude noch mal aufs Rad und keuchte mit voller Fahrt diesem russischen Vehikel hinterher. Das nächste Dorf konnte ja nicht allzu weit sein. Nach über 12 km schweißtreibender Muskelarbeit war immer noch kein Dorf zu sehen. Endlich war der Abzweig in Sicht und wir waren da. Ein paar alte Hütten, aber auch mehrstöckige graue „Wohnsilos" waren zu sehen – ein tristes Bild. Da kamen mir unsere Arbeiter-Plattenbau-Siedlungen a la Arbeiter-und-Bauern-Staat made in DDR wie vornehme Villenviertel vor. Und...genau vor so einem grauen Monster hielten wir. Else wurde in einen dunklen Keller eingepfercht, ein dickes Schloss schnappte ein und mit Zahnbürste, Seife und Lenkertasche trottete ich über eine dreckige Treppe nach oben bis in den vierten Stock. Die Wohnungstür wurde aufgeschlossen und dahinter verbarg sich ein gemütliches Plätzchen. Minuten später saß ich frisch geduscht am Tisch, der im Nu mit den leckersten Sachen gedeckt war, auch mit etlichen Flaschen dieser typischen klaren Flüssigkeit - der russischen Seele...Wodka.

Dann kam das Fotoalbum - Hochzeitsbilder, Armeefotos usw. Die Zeit rann und auch der Wodka. Zu fortgeschrittener Stunde schleppte ich mich, völlig fertig und schon leicht torkelnd, zum Bett, das für mich bereitstand, in der Hoffnung am anderen Morgen wieder fit zu sein...

Beim gemeinsamen Frühstück überreichte mir die Frau noch einen Zettel, auf den ein paar Adressen aufgeschrieben waren, alles Verwandte und Bekannte der Familie. Sie reichten bis in das entfernte Tol'Jatti an der Wolga.

Und schon jetzt bekam ich den Eindruck, dass der Fremde hier in diesem gastfreundlichen Land nie alleine ist und von einer Adresse zur anderen förmlich durchgereicht wird.

Ein Quartier in Weißrussland ist noch erwähnenswert. In meiner zweiten Nacht bog ich einfach nach „getaner Arbeit" links zum nächsten Dorf ein. Aus Sicherheitsgründen wollte ich mich erst einmal nicht wild irgendwo hinlegen. So kam ich schließlich bis zu einem Sanatorium.

In ihm wurden rund 200 Kinder aus Tschernobyl und Umgebung betreut. Ich stellte mich dem Direktor vor und bekam das beste Gästezimmer (fast eine Wohnung), mit fließend warmem Wasser und allem Komfort. Abendbrot habe ich dann mit den Kindern im Speisesaal gegessen. Ich wollte mich gerade in meinem „Hotelzimmer" hinlegen, als es plötzlich an meine Tür klopfte. Davor lauerten etwa 40 bis

50 Kinder und fragten mich aus. Das waren schon sehr bewegende Momente, die ich damals erst mal verarbeiten musste.

Am nächsten Tag ging's weiter auf dem nicht immer so leicht zu kurbelnden Streckenabschnitt.

Hier in der ehemaligen Sowjetunion sind die Straßen, auch die großen Trassen, teilweise in einem extrem schlechten Zustand. Gepaart mit Hitze, Staub, Regen und einem starken LKW-Verkehr ergab das eine ganz schön stressige Mischung. Im Extremfall musste ich, wenn es zu eng wurde, schnell auf den unbefestigten Randstreifen ausweichen. Das nervt.

Jedenfalls stand ich nach sechs Tagen, also am 16. Mai, an der russischen Grenze. Mein Visum galt aber erst ab 20. Mai. Gut, dass ich einen günstigen Moment abgepasst hatte. An diesem Tag schien es niemanden zu interessieren, dass die Daten nicht übereinstimmten. Ich wurde nur gefragt: „Woher und wohin?", belächelt und schließlich durchgewinkt.

Mein nächstes Ziel war das Svenski-Kloster in Brjansk. Hier durfte ich eine Nacht schlafen. Ein langhaariger Gehilfe aus Murmansk, der die Küche betreute, bewirtete mich. Ich erfuhr, dass er sich für drei Jahre zum Arbeiten im Kloster befand. Jedes zweite Wort von ihm war „Essen", während er mit verschränkten Armen hinter mir stand und kontrollierte, ob ich anständig aß. Vom Kloster aus hatte ich eine wunderbare Weitsicht. Das eigentliche Heiligtum, die große Kirche, die sich in der Mitte des Geländes befunden hatte, wurde in den 30er Jahren von den Sowjets gesprengt, so berichtete ein Mönch.

Am anderen Morgen ging es weiter. Nächstes Ziel war Penza. Die Stadt erreichte ich nach etwa einer Woche Auf und Ab durch hügeliges Gelände. Wer denkt, Russland sei flach wie ein Teller, der irrt. Es geht ganz schön berghoch und -runter, jedenfalls von der weißrussischen Grenze bis zum Ural. Am 25. Mai konnte ich in die Stadt einfahren, von der ich nichts Angenehmes im Gedächtnis hatte. 1993, auf unserer Trabbitour nach Sibirien ging kurz vor Penza mein Fahrzeug wegen Getriebeschadens „in die Knie". Naja, jedenfalls hatte ich hier noch keinen Schaden an meinem Gefährt und fuhr mit der beruhigenden Gewissheit weiter, dass ich mit meinem Drahtesel weiter kommen werde als damals mit meinem Trabant. Nur noch Tage trennten mich von der Wolga, der Mutter aller russischen Flüsse.

Ein Nachtlager direkt am Steilufer der Wolga ließ mich verstehen, warum die Menschen hier so naturverbunden sind. Bei einer sehr gastfreundlichen Familie in Tol'Jatti, in einer für russische Verhältnisse sehr komfortablen Wohnung, konnte ich noch etwas entspannen, auch mal wieder warm duschen - das erste Mal seit einer Woche - und meine Radlersachen verschwanden schnell in der Waschmaschine. Auf mich warteten nun der Ural, Millionen von Mücken in der westsibirischen Tiefebene und hoffentlich viele neue Abenteuer. Bis hierhin waren 3200 Kilometer geschafft.

Meine Gastgeber vom Svenski Kloster in Brjansk

Ermutigt

Ich verabschiedete mich herzlich von Tol'Jatti und meinen Gastgebern und brach mit frisch gewaschener Reisekleidung in Richtung Ural auf. Mein erstes Ziel war die Stadt Ufa, und ich erreichte sie nach etwa vier Tagen Fahrt durch hügelige Landschaft. Es ist eine recht schöne Stadt. Ich sah mir das Zentrum an, genoss den Tag und kam auch mit einigen Baschkiren, hier in ihrer Hauptstadt, ins Gespräch.

Abends reichte mir aber das Stadtleben, ich fuhr aus dem Ort hinaus und zeltete inmitten eines kleinen Dorfes. Hier bekam ich einen kleinen Vorgeschmack auf die sibirische Tiefebene: Ich musste förmlich ins Zelt flüchten. Die ganze Gegend war total von Mücken verseucht. Auch am anderen Morgen warteten schon Tausende der kleinen stechwütigen Ungeheuer an meiner Zeltwand auf ihre Chance.

Hinter Ufa wird es immer bergiger. An diesem Tag machte ich eine längere Pause an einem der zahllosen Straßencafes und plötzlich tauchte wie aus dem Nichts ein junger, blonder Mann mit einer vom Reisen gezeichneten Yamaha-Einzylinder-Crossmaschine auf. Er sah mich und wir kamen sofort auf Englisch ins Gespräch. Er war ein holländischer Architekt, der seinen Job - so wie ich - an den Nagel gehängt hatte und mit einem Freund aufgebrochen war, erst einmal im Spätherbst 1997 ohne Ziel, klar war nur die ungefähre Richtung: Jugoslawien, Rumänien, Moldavien, Ukraine ... Der Winter war sehr hart, so dass sein Freund aufgab. Er selbst ließ sich nicht abschrecken, fuhr weiter und besorgte sich ein Geschäftsvisum für sechs Monate Russland. Dafür musste er sehr viel Geduld aufbringen, denn die Behörden brauchten für die Bearbeitung zwei Monate. Die meiste Zeit verbrachte der Holländer in Rostow am Don. Jedenfalls war er nun in Richtung Wladiwostok unterwegs. Das war der erste Weltreisende, den ich traf. So eine Begegnung gibt einem sehr viel Kraft. Man weiß, dass man nicht ganz allein auf der langen Straße des Abenteuers unterwegs ist und dass es so manche Situation gibt, die einem Reisenden Langmut und gute Nerven abfordern. Aber es lohnt sich, nicht aufzugeben.

In der Nähe von Bakal inmitten des Urals machte ich in wunderschöner Umgebung einen Tag Pause. Ich ging ein bisschen wandern, genoss die Natur und wurde abends noch zur Banja eingeladen. Eine Banja ist eine kleine Sauna, extrem heiß und feucht. Auf dem Land gibt es meist kein fließendes Wasser. So gehen die Leute dann zum Waschen ein- bis zweimal pro Woche in ihre Banja, schwitzen und peitschen sich mit Birkenreisig aus, leben also ganz gesund.

Das waren meine letzten Kilometer in Europa. Am anderen Morgen bewältigte ich noch einmal Berge mit teilweise acht bis zwölf Prozent Steigung, es ging immer hoch und runter. Den Abschluss des Urals bildeten ein 1000-Meter-Pass und ein Monument, das die Grenze zu Asien anzeigte. Nun war Tscheljabinsk nicht mehr weit und dahinter die unendlich lange Straße durch die westsibirische Tiefebene mit dem Ziel Nowosibirsk. In Tscheljabinsk sah ich mir die wenigen Sehenswürdigkeiten an, die eine russische Großstadt zu bieten hat. Das waren zwei Kirchen und die obligatorische „Prachtstraße" mit Namen Leninprospekt oder so ähnlich. Die nächsten zwei Tage fuhr ich bis Kurgan. Das Asphaltband führte durch ewige Sümpfe, die nur durch einzelne Felder unterbrochen waren. Ich wurde in den Dörfern eingeladen und campierte hier auch so manche Nacht in den von Mücken und Sandfliegen beherrschten Wäldern.

Bestohlen

Ich fuhr auf der neuen Magistrale, die noch im Bau war, meine vorerst letzte flache Strecke. Vor mir lagen ca. 700 Kilometer sumpfiges Land. Nach zwei Tagen erreichte ich einen etwa 40 Kilometer langen unbefestigten Bauabschnitt.

Bremsender Schlamm an meiner „Else"

Zu meinem Pech regnete es an diesem Tag in Strömen, so dass der lehmige Untergrund total aufgeweicht war und sich schon nach einigen Metern zwischen Schutzblech und Reifen keilte und auch sonst schienen alle Zwischenräume ausgefüllt.

Ich quälte mich durch, trug mein Rad streckenweise und rettete mich ins nächste Dorf, in dem mich die Bewohner gleich herzlich empfingen. Eine Frau lud mich zum Tee ein. Anschließend säuberte ich mit dem Wasserstrahl meiner Trinkflasche „Else", fließendes Wasser gab es wie so oft nicht. Die Siedlung war ein Tatarendorf, die Bewohner waren sehr gastfreundlich zu mir. Der Hausherr zeigte mir ein Fotoalbum aus seiner Armeezeit, die er in der Lutherstadt Wittenberg verbracht hatte. Die Freude war groß, als ich ihm sagte, dass meine Heimatstadt nur rund 40 Kilometer entfernt davon liegt.

Am anderen Morgen, die Piste war wieder einigermaßen trocken, fuhr ich weiter. Aber dann gab es doch noch ein negatives Erlebnis, das mir die Stimmung für einige Tage etwas dämpfte. Ich zeltete in einem kleinen Dorf direkt an der Transsibirischen Eisenbahn. Abends besuchten mich wie üblich die Kinder der Umgebung und wir unterhielten uns. Es schien ein sehr guter Abend zu werden. Um Mitternacht gesellte sich ein Junge zu mir, stellte komische Fragen und stahl letztlich meine Waschtasche, in der sich unter anderem das wichtige Wasserentkeimungsmittel befand. Ich ging am anderen Morgen zum Dorfsowjet, schilderte den Fall und zwei Stunden später waren zwei Kripo-Beamte da, die sich meines Problems annahmen. So blieb ich noch einen Tag im Dorf. Der Dieb wurde schnell gefasst, stritt aber alles ab und ich musste ohne meine Waschtasche nach Nowosibirsk fahren. Naja, mit Schwund ist zu rechnen. Ich besorgte mir hier in dieser großen sibirischen Metropole das Notwendigste neu und suchte anschließend die katholische Kirche auf. Ein polnischer Pfarrer kam zur Tür, lud mich zum Tee ein, bot mir einen Platz für die Nacht und ich konnte mich endlich wieder mal duschen. Abends sah ich mir die wunderschöne neue, aus roten Ziegeln gemauerte Kirche an und genoss die Ruhe. Mein eigentliches Ziel aber war Barnaul, südlich von Nowosibirsk. Zwei Tage später erreichte ich es. Dort ist nämlich ein russischer Freund beheimatet, der uns 1993 bei unserer Trabbi-Floßtour begleitete. Auch hier in Barnaul fuhr ich zur katholischen Kirche, ein Provisorium, das sich in einer kleinen Neubauwohnung befand. Ich fragte dort auf Englisch, ob sie nicht für mich bei Maxim anrufen könnten. Nach

einer Stunde Wartens stand er in der Tür und die Wiederse-
hensfreude war groß. Maxim arbeitete bei einem Touris-
musunternehmen („Imperia"), das in Barnaul ein kleines
Büro unterhält. Dort wurden Reit- und Wildwassertouren,
Wanderungen, Camping usw. im wunderschönen Altaige-
birge angeboten. Er fragte mich, ob ich für ein paar Tage
Zeit hätte, um mit in ihre Basa (Basislager) zu kommen. Ich
befragte meinen Pass. Bis mein Visum für Kasachstan in
Kraft trat, blieben noch acht Tage. So packte ich ein paar
Sachen zusammen, stellte mein Rad bei Maxims Schwester
unter und wir fuhren noch am selben Abend los in das rund
250 Kilometer entfernte Lager. Hier erholte ich mich in
wunderschöner Umgebung von den Strapazen der letzten
Wochen.

Noch 983 km bis Novosibirsk

Lampenfieber

Am 5. Juli verabschiedete ich mich von meinen russischen Freunden und vom Altai-Gebirge, auch kleine Schweiz genannt, in dem ich fast eine Woche verbracht hatte. Es war ein schöner Morgen, fast zu schön, denn das kündigte einen heißen Tag an. Vor mir lagen noch etwa 300 Kilometer russisches Territorium und meine letzten Stunden im sibirischen Russland, durch das ich fast zwei Monate geradelt war. Bevor ich die Grenze erreichte, kehrte ich in einem Straßencafé ein. Am Abend spendierte mir der Chef noch Schaschlik und andere Köstlichkeiten, auch Wodka wurde reichlich getrunken. Naja, so ist es halt in Russland. So übernachtete ich hier und fuhr dann erst am anderen Morgen die 15 Kilometer zur kasachischen Grenze - mit etwas Lampenfieber, das man als „gelernter Ossi" noch manchmal vor Grenzen hat. Aber hier wollte man nur das kasachische Visum sehen, das war alles. Nach nur fünf Minuten war ich in Kasachstan. Da ich an der Grenze kein Geld tauschen konnte, musste ich noch bis Semipalatinsk warten, das man wegen der früheren sowjetischen Kernwaffentests auch das „kleine Nevada" nennt. Nach etwa 120 Kilometern, die bei Tagestemperaturen von 39 Grad bewältigt wurden, kam ich am späten Nachmittag dort an. Ich befand mich noch im russischen Sprachraum und so konnte ich mich mit den Einheimischen bei einem kühlen Bier im Park unterhalten. Nach zwei Monaten Training ging es sehr gut.

Gegen Abend fuhr ich weiter, in die Nacht und in eine völlig neue Landschaft hinein. Schon kurz vor Semipalatinsk hatte ich das letzte Waldgebiet verlassen, jetzt fing die Steppe an. Es gab nichts außer einer Straße, einer Eisenbahnlinie und ab und zu einem Dorf. Das war für mich gewöhnungsbedürftig. Eintönig und noch „trockener" sollte die ganze Natur in den nächsten Wochen werden. Dazu kam die Hitze, die noch ein paar Tage anhielt. Am zweiten Abend kam dann ein Sturm, fast schon ein Orkan auf. Mit letzter Kraft rettete ich mich in ein kleines Dorf mit Namen

Georgievka. In Kasachstan wohnen sehr viele deutschstämmige Menschen und so versuchte ich bei einer solchen Familie unterzukommen, nach langem Suchen gelang es mir.

Ich wurde sogleich wie ein Sohn aufgenommen und die Hausfrau bestand darauf, dass ich noch mindestens einen Tag bei ihnen bleiben solle. Aber das konnte ich unmöglich tun. Ich brachte es schweren Herzens meinen Gastgebern bei.

Dass ein Weltreisender in solcher Eile war, war für sie eigentlich nicht zu verstehen. Auch für mich war es ein harter Kompromiss, aber die Zeitvorgaben in meinen Visa zwangen mich dazu, musste ich mir doch alle Einreisegenehmigungen bis einschließlich China schon vor Reisebeginn besorgen, und ich war glücklich, dass ich überhaupt diese Nördliche Route mit meinem Rad bereisen konnte. Aber um wenigstens einen Tag Pause, der mir sehr gut tat, kam ich nicht herum. Sie wollten gerade eine Kuh schlachten, so half ich am nächsten Tag bei der Fleischverarbeitung. Schon am Morgen zum Frühstück wurden zwei Flaschen Schnaps, die auf dem Tisch zwischen Butter, Brot, Marmelade und Speck standen, auf die tote Kuh getrunken. Für mich war das mal wieder ein harter Arbeitstag. Doch nach einer geruhsamen Nacht im Holzhaus meiner Gastgeber setzte ich meine Fahrt langsam, aber sicher in Richtung China fort. Vor der Grenze hatte ich wirklich viel „Respekt", weil auf der chinesischen Botschaft gesagt wurde: „Sie können nur mit speziellen Dokumenten in China Rad fahren", die ich natürlich nicht hatte. Jedenfalls erreichte ich nach sieben Tagen durch Kasachstan die chinesische Grenze mit weichen Knien. Wenn ich hier die Grenze nicht hätte passieren dürfen, wäre ein sehr großer Umweg über Alma-Ata, Kyrgistan, Afghanistan und Pakistan nach Indien fällig gewesen. Und das hätte viel, viel Zeit und Nerven erfordert.

Kurz vor zwölf Uhr stand ich am kasachischen Schlagbaum. Dort wurde mir gesagt, dass jetzt erst mal bis 15 Uhr Mittagspause sei. Also wurde ich noch einmal drei Stunden auf die Folter gespannt. Kurz vor 15 Uhr stellte ich mich bei den kasachischen Grenzsoldaten am Schlagbaum an. Dann ging alles so einfach und problemlos, dass es fast schon unheimlich war, nach allem vorher Erzählten. Sie wünschten mir Glück. Einer demontierte sogar spontan seine Schulterstücke und befestigte sie an meiner Fronttasche. Ein anderer entfernte kurzerhand Hammer und Sichel von seiner Mütze. Ein Gruppenfoto wurde noch gemacht und ab ging's zum kasachischen Zoll, dem unbekannten Reich der Mitte ganz nah!

Freundlich waren die kasachischen Grenzsoldaten

Riesenkindergarten

Am kasachischen Grenzkontrollpunkt wurde ich entgegen allen Erwartungen flüchtig kontrolliert und bekam einen Ausreisestempel. Ein banges Gefühl baute sich in mir auf, als ich meinen Drahtesel zu den chinesischen Zöllnern schob. Ich stand da und um uns beide versammelte sich das gesamte Personal. Alle lachten und amüsierten sich. In dem Grenzgebäude waren jede Menge Formalitäten zu erledigen: Ich musste ein paar Papiere ausfüllen, mein Visum wurde begutachtet. Währenddessen schielten alle Beamten auf „Else", die sich bestimmt etwas komisch vorkam. Dann musste ich auch noch meine Packtaschen durchleuchten lassen. Nach zwei Stunden war ich im wahrsten Sinne des Wortes fertig und in China. Inzwischen war es später Nachmittag und ich mit einem Schlag in einer völlig anderen Welt.

Freundliche Gastgeber

Alles war plötzlich ganz exotisch. Das Aussehen der Menschen hatte sich verändert, überall chinesische Schriftzeichen, die Häuser und Hütten sahen anders aus. Es war faszinierend und aufregend zugleich. Alle Leute grüßten mich freundlich. In der ersten Stadt bekam ich eine Flasche Cola zugesteckt. So wurde es ein sehr schöner Abend und ich war glücklich. Als es dunkelte, klopfte ich an einer Hütte an, in der eine moslemische Familie wohnte. Ich versuchte dem Hausherrn verständlich zu machen, dass ich hier in Hausnähe zelten möchte. Daraufhin lud man mich zum Essen und zum Schlafen ein. Es gab natürlich Reis, dazu extrem scharf gewürzte Soßen, frei nach dem Motto „Nach zehn Minuten vergeht der Schmerz auf der Zunge". Die Hütte war spartanisch eingerichtet: Ein kleiner Herd, ein Tisch, zwei Stühle - das war's. Das Essen wurde auf der Erde zubereitet. Geschlafen habe ich auf einem beheizbaren Gemeinschaftsbett mit den Männern des Hauses. Die Frau schlief im Nebenraum. Langsam bekam ich ein „feeling" für das Land.

Am anderen Morgen ging es weiter. Ich fuhr ein Stück auf mein nächstes Etappenziel Ürümqi zu. Diesen Namen hatte ich nie zuvor gehört, aber es ist die größte Stadt, die am weitesten von allen Ozeanen entfernt liegt. Gegen Abend erreichte ich ein kleines Gebirge, in dem einige kasachische Jurten standen - das sind runde Zelte aus Holzgestängen mit einer Filzhaut. Die Sonne stand schon tief, und was macht ein Radnomade in so einem Fall? Richtig, er versucht mit den Leuten ins Gespräch zu kommen und sich ein Plätzchen für die Nacht zu organisieren. Wir tranken gemeinsam gebutterten Milchtee und aßen Nan (Weißbrot). Ich durfte in der Jurte schlafen. Als ich aufwachte, war mein erster Gedanke: „Das alles erlebst du live und nicht von einem Reisebüro vorgespielt." Das gefiel mir.

Obwohl die Landschaft jetzt in Wüste mit einzelnen bewässerten Oasen (Feldern) überging, machte das Radlerleben in Westchina viel Spaß.

Die Polizei ließ mich völlig in Ruhe. Manchmal lud sie mich zu einer Melone ein und fragte nach dem Wohin und Woher. Nur die Menschen - jedenfalls die meisten Chinesen - waren für mich sehr schwierig. Viele lächelten, aber ich empfand es mehr wie ein Auslachen. Wenn ich ein

Problem hatte, drehten sich viele weg und in den Geschäften und Garküchen, die es übrigens reichlich an der Straße gab, versuchte man, mich als Ausländer immer „übers Ohr zu hauen". Jedenfalls meistens. In dieser Hinsicht war es schwierig und ich regte mich so manchen Tag über die kleinen Ungerechtigkeiten auf. Auch bemühte ich mich, ein paar Worte Chinesisch zu sprechen, aber die Chinesen versuchten gar nicht erst, mich irgendwie zu verstehen. Ich kam zu dem Schluss, dass China ein großer Kindergarten ist, in dem viele kleine Kinder wohnen. So behandelte ich sie dann auch und fuhr damit sehr gut.

Als ich etwa in Höhe von Ürümqi war, bekam ich Fieber mit 38,5°C. Das Radfahren wurde sehr quälend, dazu kamen noch endlos viele und sehr lange Baustellen. Das bedeutete: viel nervender Staub und fehlender Straßenbelag, was schon einem gesunden Menschen zu schaffen macht. Aber ich hatte ja ein klares Ziel vor Augen. Also immer nur weiter!

Pause an einer Suppenküche in Westchina

Gesalzen

Mitten in der Wüste traf ich plötzlich zwei chinesische Reisende, die mit ihren Mountainbikes auf dem Weg nach Bejing (Peking) waren. Sie hatten noch etwa 4500 Kilometer vor sich. Drei Tage fuhren wir gemeinsam und teilten die Lebensmittel miteinander. Obwohl wir in verschiedenen Sprachen schwatzten, verstanden wir uns prima. Praktische Völkerverständigung sozusagen. Unsere Wege trennten sich in Dunhuang. Mein Etappenziel hieß Golmud, letzte große Stadt vorm „Dach der Welt"- Tibet. Ich war also wieder mal alleine mit meiner „Else". Am Vorabend jedoch wurde ich für die kommende Einsamkeit noch entschädigt: Ich bekam Reste der Chinesischen Mauer zu sehen, die sich irgendwo im Westen in der Wüste verliert. Angeblich soll man die Mauer ja vom Raumschiff aus sehen. Das war mir egal, ich bewunderte die Leistung der Erbauer und das Erscheinungsbild von heute.

Von Dunhuang steigt die Strecke stark an, so dass ich hier schon mal einen kleinen Vorgeschmack auf Tibet bekam, als ich an einem Pass auf über 4000 Meter kurbeln musste. Ich fuhr noch am selben Tag, so weit mich das Rad und meine Kraft brachten. Nachdem ich eine heiße, sehr schöne Sandwüste, mit zum Teil riesigen Dünen, durchquert hatte, kam ich in ein kleines Dorf und rastete. Gestärkt durch das Abendbrot fuhr ich aber noch etwa zehn Kilometer weiter und bezog ein Quartier in einer am Straßenrand leer stehenden Schäferhütte. Am anderen Morgen ging es dann „zur Sache": Ich kämpfte mit meinem 75 Kilogramm schweren Rad an einem 30 Kilometer langen Stück Straße und gegen die immer steiler werdende Steigung. Dann hatte ich es endlich geschafft. Ich befand mich auf dem Dangjin Schankou (Pass), in einer Höhe von 3519 Metern. Am anderen Tag war ich dann auf der besagten Höhe - über 4000 Meter über dem Meeresspiegel - und erreichte in der Abendsonne die kleine Stadt Da Quaidam, die plötzlich wie aus dem Nichts aus der Wüste auftauchte.

Hochgekurbelt auf 3519 Meter

Abends lernte ich vor einem Café ein junges Paar kennen. Es stellte sich heraus, dass die beiden die ersten deutschen Reisenden waren, die ich nach etwa drei Monaten traf. Sie waren von Kassel aus losgetrampt. Wir verabredeten uns für den nächsten Tag in Golmud, im „Golmud Hotel", einem beliebten Treffpunkt ausländischer Reisender. Mir stand eine Tour von 192 Kilometern durch die trostlose Salzwüste „Quaidam Pendi" bevor, deshalb fuhr ich sehr früh los. Plötzlich überholte mich ein Geländewagen. „Thomas" hallte es heraus. Es waren Maurice und Jana, das junge Paar aus Deutschland. Ich grüßte zurück und trat weiter in die Pedalen.

Auf einem ganzen Stück Weg durch die Salzwüste musste ich mein Rad schieben, denn ein Regen in den vergangenen Tagen hatte die ganze Senke in einen großen, salzigen Morast verwandelt. Die LKWs indes fuhren unbarmherzig an mir vorbei und spritzten mich von oben bis unten mit Salzlake voll. Durch die Hitze war die Flüssigkeit im Nu getrocknet und mein Fahrrad „Else" und ich reichlich weiß eingefärbt. So erreichte ich das „Golmud Hotel".

Golmud, das war die letzte größere Stadt im Westen Chinas. Ihre Höhe über dem Meeresspiegel beträgt 2800 Meter, kaum vorstellbar, auch weil alles hier so flach aussieht. Völlig verdreckt und bespritzt vom Salz der Dagaidam-Wüste, die ich an einem einzigen Tag durchquert hatte, mietete ich mir für umgerechnet 5 DM ein Bett, um die Tageskilometer aus den Knochen zu bekommen. Hier traf ich mich also mit Jana und Maurice. Sie erzählten von ihren Erlebnissen mit Bus, Bahn und Rucksack durch Asien. Auch sie hatten Probleme in China. Unser Gedankenaustausch beschränkte sich also nicht nur auf das Erzählen unserer Erlebnisse; überwundene Schwierigkeiten gaben dem anderen ein Gefühl für die erbrachten Leistungen.

Golmud war eine Stadt, vor der ich schon am Anfang der Tour Angst hatte; Angst vor dem „Dach der Welt", wie das Tibet liebevoll genannt wird, und Angst vor der chinesischen Armee und Polizei, die sich hier seit 1951 eingenistet haben - damals, Anfang der 50er Jahre, als Truppen des kommunistischen Chinas Tibet „befreit" hatten, wie sie es so schön ausdrücken. 1959 floh der Dalai Lama zusammen mit vielen Mönchen und Tibetern ins Exil nach Indien. Seitdem gibt es eine zweite Grenze, die nach Tibet. Gleich hier hinter Golmud soll es einen Schlagbaum und stationierte Armeen geben. Ich gönnte mir einen Tag Verschnaufpause. Es war früh am Morgen, der 1. August 1998: „Ein neuer Monat und ein guter Tag zum Starten", dachte ich. Starten mit meiner „Else", die total überladen war und an diesem Morgen stolze 80 kg oder noch mehr auf die Waage brachte, denn ich hatte gehört, dass Lebensmittel und Wasser knapp seien in Tibet. Die nächste „Oase" mit Nachschub würde das ca. 1100 km entfernte Lhasa sein, hatte ich in einem Reiseführer gelesen.

Mit etwas Kopfschmerzen und leichtem Fieber machte ich mich auf den Weg. Dazu kam das mulmige Gefühl im Magen, an diesem Schlagbaum könnte der Weg nach Indien und Australien abgeschnitten und der Traum vom Reisen zu Ende sein. Mit diesen Befürchtungen und ganz in Gedanken versunken, kurbelte ich langsam los. Mein nächstes Ziel war Lhasa. Den Eintritt nach Tibet muss man sich als

Ausländer mit ca. 120 Dollar erkaufen. Außerdem darf man nicht individuell einreisen, sondern nur mit einem Busticket oder einer Reisegruppe. Solche und ähnliche Hinweise gingen mir durch den Kopf. Dennoch versuchte ich es allein, nur mit meinem Fahrrad.

Da plötzlich - wie eine Fata Morgana - schimmerte in der flirrenden Hitze ein Haus. Ich meinte den Schlagbaum zu sehen. Also, erst einmal in den Straßengraben und die Szene beobachten, waren meine Gedanken…Unglaublich, aber die machten hier keine Mittagspause - in China waren die Pausen fast ein heiliger Akt. Ich sah keine Möglichkeit, unbemerkt durchzuschlüpfen. Ich fuhr also auf das flimmernde Häuschen zu, hielt davor an, reichte meinen Pass und mein Empfehlungsschreiben zum Uniformierten hinüber und wartete mit Herzklopfen. Es musste wohl der Chef sein, der mich mit „welcome" ansprach. Hatte ich richtig gehört? Es wurde mir noch eine schwere Melone überreicht und ab ging's. Wäre „Else" nicht schon so überladen gewesen, hätte ich mich mehr gefreut. Jedenfalls war ich jetzt in Tibet, auf dem Weg nach oben, zum „Dach der Welt".

Eingeladen wurde ich auch von Straßenarbeitern

Eroberung

Jetzt befand ich mich auf der höchsten Straße der Welt, zwischen 4200 Metern und 5000 Metern über dem Meeresspiegel. Zuerst musste ich in Richtung des 4800 Meter hohen Kunlun-Passes klettern. Ich fuhr bis zur halben Höhe und schlief im Freien an einer Jurte ein, eingemummelt in meinen Schlafsack. Übrigens war es eine der letzten kasachischen Jurten, die ich sah. Auf dem Hochplateau fängt nämlich das Hoheitsgebiet der Tibeter an. Am anderen Morgen „eroberte" ich dann den Pass. Oben erwarteten mich Gebetsfahnen, buddhistische Opferschreine und eine schöne Aussicht auf das tibetische Hochland. In der Provinz Tibet war ich aber noch nicht angekommen. Vorher waren noch ein paar Tage „harter Arbeit" notwendig. Außerdem überquerte ich den Fluss Jangtsekiang, der hier in der Nähe seine Quelle hat.

Am „Tibet-Highway", der Straße nach Lhasa, wurde fieberhaft gearbeitet. Es gab sehr viele Baustellen, die meisten Brücken wurden erneuert. Folglich gab es viele Bauzelte und Bauarbeiter. Und das machte ich mir zunutze. Die Strecke gilt für Radfahrer wegen der Höhe und der sehr dünnen Besiedlung als extrem schwierig. Die Dörfer, in denen man sich etwas zu essen kaufen kann, liegen meist über 100 Kilometer auseinander. Oft bekam ich in den Bauzelten einen Platz für die Nacht. Gastfreundliche Tibeter, die an der Trasse arbeiteten, gaben mir ein Bett und typischen Yakbuttertee. So fuhr ich in Richtung „Tanggula Pass", meinen höchsten Punkt der Strecke, den ich nach sechs Tagen harter Kurbelarbeit erreichte. Es war ein schönes Gefühl, mit dem Fahrrad auf einer Höhe von 5231 Metern zu stehen. Oben standen ein paar Zelte der chinesischen Telekom, die hier am nächsten Tag ein 4000 Kilometer langes Kabel, das über den Pass führt, einweihte. Die Mitarbeiter luden mich ein. Ich aß mit dem Chefingenieur zu Abend und schlief in einer sehr stürmischen und regnerischen Nacht auf 5200 Metern Höhe zufrieden mit mir und der Welt ein.

Hier war ich bei tibetischen Nomaden zu Gast.

Ab und zu wachte ich auf, weil bei meiner gewohnten Schlafatemtechnik die Luft knapp wurde. Dieser Pass bildete übrigens die Grenze zur autonomen Provinz Tibet. Am anderen Morgen fuhr ich also schon in Tibet umher und mir fielen sofort die vielen Polizisten und Soldaten auf. Sie traten in einer Besatzermentalität auf, die einen richtig wütend machen konnte. Jetzt kam ich meinem Ziel Lhasa von Stunde zu Stunde immer näher. Die letzte Nacht davor verbrachte ich in einem buddhistischen Kloster, 20 Kilometer abseits von der Hauptstraße nach Lhasa. Ein paar kleine Mönche zwischen acht und zehn Jahren machten die Tür auf. Ich durfte für einen kleinen Obolus in dem schönen und mystisch wirkenden Kloster schlafen. Im Schein der Yakbutterlampe saßen wir beim Abendbrot, welches aus Zampa (Gerstenmehl), Yakbuttertee, getrocknetem Yakfleisch und Yakkäse bestand.

Am nächsten Tag war es endlich so weit. Ich bog ins Lhasa-Tal ein und hatte plötzlich starken Gegenwind. Für 74 Kilometer Weg brauchte ich den ganzen Tag. Aber schließlich habe ich es doch am späten Nachmittag geschafft. Ich war in Lhasa, der Hauptstadt von Tibet. Sie ist kulturelles und geistiges Zentrum und eigentlich Sitz des Dalai Lama, des geistigen Oberhauptes. Seit Ende der 50er Jahre lebt er aber im indischen Exil. Des Weiteren ist sie Ziel vieler Touristen, die sich hier einquartiert haben. Ich bekam nur mit Mühe ein Bett, für 25 Yuan (etwa 6 Mark), im Snow-Land-Hotel.

Der Potala Palast in Lhasa

Regenzeit

Genau elf Tage verbrachte ich in dieser „Oase" auf 3600 Metern, wo es wieder alles an Nahrung gab, was das Radlerherz begehrt. „So viel essen wie möglich" waren meine Gedanken. Zwei Wochen lang hatte ich nicht mehr ausreichend gegessen, aus den Packtaschen gelebt. Nur aller ein zwei Tage gab es mal eine Garküche oder einen kleinen Laden an der Stecke, da waren etliche wertvolle Pfunde von meinem Körper verschwunden. Mir war auch bewusst, dass die weitere Strecke in Richtung Nepal ebenfalls kein „Zuckerschlecken" wird.

Hier in der Hauptstadtt Tibets, wo die Chinesen besonders zahlreich anzutreffen sind, gibt es natürlich auch viel zu sehen. Jokang Tempel, Potala Palast und etliche Klöster in und um Lahsa wurden von mir bewundert. Als ich eines Morgend um 6 Uhr vor dem Snow-Land-Hotel zur Weiterfahrt startete, war gerade die Regenzeit in Tibet am Ausklingen. In diesem Jahr soll es besonders viel geregnet haben, sagten mir jedenfalls Einheimische. Dass es stimmte, bekam ich mit meiner „Else" besonders zu spüren. Von Lhasa fuhr ich die ersten 60 Kilometer bis zum Bramaputra auf gutem Asphalt, aber dann sah ich die Bescherung: Alle paar 100 Meter versperrte entweder eine Geröllhalde mit reichlich Wasser, durch das ich hindurchwaten musste, die Straße oder unendliche Schlammassen ließen den Weg ganz verschwinden. So schleppte ich mich bis Schigaze, dem einzigen größeren Ort auf der Strecke von Lhasa nach Katmandu (Nepal). Dort sah ich mir im Vorbeifahren noch einen Tempel an. Hinter Schigaze wurde es dann ganz schlimm - es gab keinen Straßenbelag mehr, nur Steine, Wasser, Schlamm. Jeden Tag musste ich die Kette ölen. „Bloß nicht das Rad ansehen", dachte ich ständig, „Else" sah zum Heulen dreckig aus. Wegen des vielen Schlamms konnte ich die Bremsbeläge täglich schwinden sehen. Zum Glück regnete es jetzt nur noch wenig.

Nach ein paar Tagen „Piste" traf ich dann ein englisches Pärchen - Ben aus London und Sierra aus Manchester. Sie machten Radurlaub in Tibet und waren auch in Richtung Katmandu unterwegs. Wir fuhren zwei Tage gemeinsam und bewältigten den schwersten Pass (Jia Tsuo La-Pass 5220 Meter) als Team. Ab Lhaze waren auf nur 30 Kilometern Länge 1200 Meter Höhenunterschied zu bewältigen - dazu quälte uns noch der schlechte Straßenzustand, jede Menge Wasser, Geröll und Schlamm. Oben angekommen, begrüßte uns ein Unwetter mit reichlich kaltem Sturm. Völlig verdreckt rollten die Räder wieder hinunter. Noch am selben Abend saß ich mit einer angehenden Erkältung vor meinem Zelt.

Im Morgengrauen stand ich auf, verstaute meine Habseligkeiten in meine Packtaschen und verabschiedete mich von den beiden. Ich wollte noch einen kleinen Umweg fahren zum 5200 Meter hoch gelegenen Basislager des Mount Everest. Außerdem lag auf der Straße ein Checkpoint mit Passkontrolle, den ich allein überqueren wollte. Dort wurde ich kontrolliert und durfte nach quälenden Minuten des Wartens - ohne Reiseerlaubnis für Tibet - passieren. Am Abzweig zum Mount Everest erreichte ich dann die nächste Hütte, an der gezahlt werden musste, nämlich das Eintrittsgeld für den Everest Nationalpark (65 Yuan, rund 15 Mark). Nachdem ich das erledigt hatte, sah ich die Bescherung. Vor mir lag ein weiterer Pass und neben mir stand mein Fahrrad in desolatem Zustand. Ich schob meine „Else" 20 Kilometer bergan - mit unendlich vielen Pausen wegen der dünnen Luft. Abends, in der Dämmerung, war ich dann völlig fertig - aber endlich oben. In den letzten Sonnenstrahlen konnte ich die vor mir liegende Himalaja-Kette der 8000er bewundern: Makalu (8463 Meter), Lhotse (8516), Cho-Oyu (8153) und der Mount Everest (8848), der in einer Wolke eingehüllt war. Überwältigend. Es war eisig kalt auf diesem einsamen Pass. Ich musste noch so viel wie möglich an Höhenmetern verlieren, um einigermaßen geschützt campieren zu können. Ein Bremsbowdenzug war gerissen, der andere halb durch. Nur langsam und vorsichtig konnte ich mich auf dem steilen Weg ins dunkle Tal hinunterbremsen und ... entdeckte noch ein Bauarbeiterzelt, in das ich mich für diese Nacht flüchten konnte. Am anderen Tag erwartete mich dann ein Tal mit einem erbärmlich schlechten Fahrweg und ein tollwütiger Hund, der mir für Stunden auf dem Fersen war. Der Weg wurde immer schmaler und steiler. In der Ferne konnte ich endlich das Rongbuk-Kloster ausmachen, die letzten Zeichen der menschlichen Zivilisation. Ein paar Mönche wohnten hier und es gab ein kleines Café. Seit Stunden schon schob ich meinen Drahtesel. Fahren war auf den letzten ungefähr 15 Kilometern nicht mehr möglich. Ich konnte nicht mehr, stellte „Else" vor der kleinen Gaststätte ab, machte die Tür auf und sah im schummrig beleuchteten Raum ein paar europäische Gesichter. Gesichter, die mich ungläubig anschauten. „Ja ihr seid's mit'nem Velo?", ertönte es aus einem Schweizer Mund. „Klar, ist doch kein Problem", entgegnete ich voller Stolz. Ich hatte den Geländefahrzeugtouristen die Show gestohlen. Aber egal, ich saß noch eine ganze Weile in diesem gemütlichen Zimmer. Auf einem Holzofen wurden Eier gebraten und ich musste so manche Story zum Besten geben. Unter dem Vordach eines Tempels bettete ich mich, immer noch stark erkältet, mit meinem warmen Schlafsack zur nächtlichen Ruhe.

Sieben Kilometer trennten mich noch am anderen Morgen vom Basislager und von ein paar Tagen Ruhe.

Erschöpft

An einem trüben Augusttag errichtete ich mein kleines Zelt im Basislager von Mount Everest, kochte erst einmal Nudeln und Tee und saß völlig erschöpft vor meiner kleinen Behausung.

Nur die Spitze vom Berg ließ sich ab und zu mal blicken. Am anderen Morgen unternahm ich einen kleinen Aufstieg in Richtung ABC-Base-Camp auf 6500 Metern. In etwa 5600 Meter Höhe kehrte ich um, damit ich noch zeitig genug wieder im Basislager ankam. Als Nachbarn hatte ich ein Bergsteigerteam. Sie warteten auf besseres Wetter für den Aufstieg. Hauptakteur war ein Bergsteiger und Skifahrer aus Kalifornien (USA), Graig Calonica. Er hatte noch vier Sherpas aus Nepal um sich geschart (sie waren schon dreimal oben), drei Träger und einen Koch. Craig hatte einen phantastisch anmutenden Plan. Er wollte zum Gipfel und anschließend, kurz unterhalb vom Gipfel, mit seinen Skiern bis zum ABC-Base-Camp auf 6400 Meter abfahren. Inzwischen kam auch ein junger Franzose mit Sherpa vom zweiten Camp abgestiegen. Er war krank geworden und musste runter vom Berg. Von ihm ließ ich mir die einzelnen Stationen zum Gipfel erklären: Base-Camp 5200 Meter, ABC-Base-Camp rund 6500 Meter (dort kann noch Material mit Yaks hingeschafft werden), North-Col-Lager ca. 7000 Meter, dann noch ein Lager auf ca. 7900, 8300 Meter oder 8400 Metern (hier ist keine körperliche Erholung mehr möglich) und schließlich dann der Gipfel: 8848 Meter. Ich muss zugeben, dass dieser wunderschöne und gewaltige Gipfel schon eine gewisse magische Anziehungskraft ausstrahlte und ich verstand diese Menschen, die zu ihm hinaufstürmen wollten.

Nach drei Tagen war das Wunder perfekt. Am frühen Morgen rissen die Wolken auf und der Berg zeigte sich in seiner vollen Größe und Schönheit und erstrahlte bis in den Nachmittag in der Sonne. Ich saß hinter dem Steinhaus des Camp-Warts im Windschatten, las im Reiseführer und musste immer wieder zu dem Riesen aufschauen. Jedenfalls konnte ich nun beruhigt am anderen Morgen weiterradeln bzw. -laufen. Ach ja, in der Nacht wurden wir alle gegen 2.30 Uhr geweckt, und zwar von Mutter Erde. Die hatte bestimmt eine Magenverstimmung. Wir erlebten ein kleines Erdbeben, für mich war es das erste Erlebnis dieser Art. Ich sprang sofort aus dem Schlafsack und rannte vom Zelt weg, weil ich unmittelbar an einer Geröllhalde zeltete, und ich hatte Angst, dass sich die Steine von ihr lösten. Auch die restliche Nacht schlief ich sehr unruhig. Am Morgen packte ich meine Sachen und zog weiter.

Nach 15 Kilometern bog ich vom Fahrweg ab und versuchte, auf einem kleinen Yakpfad nach Tingri - dem nächsten an der Hauptstraße nach Nepal gelegenen Dörfchen - zu kommen. Viele sagten, es sei unmöglich, mit dem Rad dorthin zu gelangen. Es war auch grauenvoll. Ich musste das Rad einen Hang hinaufschieben, dann durch Geröll, Wasser und Sand waten. So schob ich es den ganzen Tag durchs Gelände, bis es dämmerte und ich von Tibetern, die hier ein paar „Zelte" (Erdkuhlen mit gewebten Yakdecken abgedeckt) aufgebaut hatten, zum Tee eingeladen wurde. Ich spendierte noch ein paar chinesische Nudeln und Schokolade. Wir saßen im Zelt am Feuer, das mit trockenem Yak-Kot (Fladen) genährt wurde, und verbrachten den Abend mit Yakbuttertee und Zampa. Meine Gastgeberin, 19 Jahre, hieß Zelen, ihr Freund, 20 Jahre, Dotsche und ihr kleiner Bruder, zehn Jahre, Taschi.

Da es im Zelt zu eng war, schlief ich unter freiem Himmel neben dem Rad. Der Mount Everest war im Vollmondschein wunderbar zu sehen. „Eine richtige Filmkulisse", dachte ich im Einschlafen.

Am anderen Morgen, auf dem Weg nach Tingri, sah ich einen schwarzen Regenschirm mit einem rucksacktragenden Menschen darunter. Ich näherte mich und die Gestalt entpuppte sich als ein Engländer, der den Namen Bob trug. Er war in einem schlimmen Zustand: Durchfall und völlig schwach auf den Beinen. Ich nahm ihm ein paar schwere Sachen ab und fuhr mit ihnen weiter nach Tingri. Wir wollten uns in einem der kleinen Hotels wieder treffen. Bob war schon seit über einem Jahr in der weiten Welt unterwegs, wollte mit einer Touristengruppe und ein paar Yaks zum Basislager marschieren, wurde krank und musste wieder umkehren. Ich wusste, wie es ist, auf Reisen krank zu sein und kümmerte mich ein wenig um diesen Engländer. Ich teilte mir mit ihm einen kleinen Raum. Ich benötigte aber auch dringend mindestens einen Tag Ruhe und Zeit, damit ich „Else" (besonders die Bremsen) überholen konnte, denn ich befand mich kurz vor den letzten beiden Pässen auf dem „Dach der Welt", und von dort ging es dann 4000 Höhenmeter abwärts auf mein nächstes Ziel, Katmandu, zu. Dafür mussten wir fit sein.

Nach einer kalten Nacht, etwas Schnee hüllte schon große Teile der spektakulären Bergwelt Tibets in Weiß, ging es dann zum vorläufig letzten Angriff auf die Höhepunkte (Pässe). Bob war schon vor mir per Anhalter in dieselbe Richtung aufgebrochen. Ich fuhr an diesem Tag die Piste etwa 80 Kilometer und kam schiebend noch abends über den ersten Pass. Oben tobte ein Schneesturm. Ich holte Handschuhe und Gesichtsmaske aus dem Gepäck. Völlig k.o. schlief ich in der Nähe eines Wohnhauses in einer offenen Garage ein. Am anderen Tag schaffte ich bei klarem, kühlem, aber sonnigem Wetter die restlichen acht Kilometer zum letzten Pass (Lalung-La 5050 Meter). Mir war bewusst, dass ich besonders durch den Umweg zum Mount Everest körperlich geschwächt war und dringend Erholung und vor allen Dingen gutes, vitaminreiches Essen brauchte. Und ich hoffte in Nepal beides zu bekommen. Diese Gedanken hatte ich im Kopf, als ich auf diesem letzten hohen Punkt stand. Hier in diesem Moment war ich aber auch traurig und froh zugleich. Traurig, weil ein fantastisch schöner und exotischer Abschnitt meiner Erdumrundung zu Ende war. Froh, weil ich das „Dach der Welt" so gut überstanden hatte.

Jetzt ging es bergab, einem anderen Land und einer anderen Welt entgegen - zuerst extrem steil, dann kam ein breites Tal, weiter ging es stundenlang durch eine Schlucht. Plötzlich roch es nach Blumen, ein paar hundert Höhenmeter weiter tauchten die ersten Bäume auf. Es wurde immer grüner, ich sah viele Wasserfälle, bunte Vögel, Eidechsen und dann die ersten Bananenbäume, und das alles nach Monaten der Steppe, Wüste und der baumlosen Hochebenen. Es war, als tauchte ich immer mehr ins Paradies ein. Die Luft wurde immer wärmer und feuchter. Der Fahrweg blieb aber erst einmal sehr schlecht, so dass ich mich bei all den neuen und schönen Eindrücken aufs Radfahren konzentrieren musste.

Vom vielen Bremsen bekam ich fast Krämpfe in den Fingern. So fuhr ich erst einmal nur bis zur chinesisch-nepalesischen Grenze, schlief auf einer Bank und wartete am nächsten Morgen, bis die Grenzer um 9.30 Uhr chinesischer Zeit den Schlagbaum öffneten. Nach etwa einer Stunde war ich ohne Gepäckkontrolle durch und konnte meine Fahrt durch das schöne Tal bis zur „Freundschaftsbrücke" fortsetzen (China/Nepal). Dahinter befand sich der nepalesische Grenzpunkt, den ich fast übersehen hätte. Es war eine modrige Hütte mit etwa vier Mann Besatzung. Nach Zahlung von 25 Dollar für 30 Tage Aufenthalt und einem Stempel im Pass konnte ich weiter in das Tal rollen. Ich war jetzt endgültig in der „Dritten Welt". Hier gab es Hütten am Wege und auch solche, wo Tier und Mensch gemeinsam schliefen. Viele Menschen gingen barfuß. Ich war im Königreich Nepal, in dem es praktisch noch ein Kastensystem gibt und viele freundliche Menschen, nicht wie zum Beispiel in Tibet, wo Menschen teilweise aggressiv bettelten und während der Fahrt an den Lenker oder das Gepäck griffen und mich oft mit Steinen beworfen haben.

Kulturzeit

15 Kilometer vor der Hauptstadt liegt das Städtchen Baktapur, eine der schönsten Städte in dieser Welt, so die Aussagen vieler Reisender. An diesem Tag war die Strecke jedoch
nicht mehr zu schaffen, so dass ich mich entschloss, in einer
Herberge zu übernachten. Der andere Tag brachte mich
dann in diesen wunderschönen Ort. Es ging vorbei an Hütten, lieblich grünen Bergen, Terrassenfeldern und kleinen
Dörfern nach Baktapur. Unterwegs trank ich viel süßen Tee
mit Milch, eine Art Nationalgetränk, den ich aber durch die
Schwüle, die die letzten Regenzeittage mit sich gebracht
hatten, gleich wieder ausschwitzte. Um die Mittagszeit kam
ich in dieser Stadt an, quartierte mich im Hotel mit dem
hochtrabenden Namen „Golden Gate Guest House" ein. Als
erstes füllte ich meine Kalorien und Vitaminspeicher in
einer der zahlreichen Garküchen und in Cafés auf, bevor ich
mich in die Gassen des Ortes aufmachte.

Baktapur war von 1382 bis 1482 Hauptstadt des Tales und
besteht zum Teil aus sehr vielen Palast- und Tempelanlagen. Straßen und Gassen sind mit roten Backsteinen ausge-
legt. Viele kleine Läden und Werkstätten machen die Stadt
attraktiv. Hier steht zum Beispiel die höchste Pagode Nepals, der 30,48 Meter hohe Nyatapola-Tempel. Am Abend
treffen sich vor den Tempeln Hindus und singen, begleitet
von Trommeln und Schellen, ihre Gebete. Die Innenstadt
ist nahezu autofrei und so konnte ich verträumt stundenlang
durch die Gassen bummeln und entdeckte immer neue
Sehenswürdigkeiten, wie Tempel, Schreine, Opfersteine
und vieles mehr. Hier, so wurde mir bewusst, war ich endgültig in einer anderen Welt, der Welt der Hindus, einer
Welt voller Mystik und Exotik. Selbst die Zeitrechnung ist
hier eine andere, denn der nepalesische Kalender ist dem
christlichen um knapp 57 Jahre voraus und beginnt am 13.
oder 14. April. Ich glaube, man schrieb hier zur Zeit das
Jahr 2055.

Am 13. September fuhr ich die letzten 15 Kilometer nach Katmandu, der Hauptstadt Nepals. Eine historische Stadt mit vielen interessanten Gebäuden, wie der Swayambhunath-Tempel, auch Affentempel genannt, wegen der vielen Rhesusaffen, die sich zwischen den Tempeln und Schreinen herumhangeln. Dann gibt es die Altstadt mit ihren vielen Gassen und Geschäften, den Durbar Square (Königsplatz), auf dem ebenfalls viele Tempel, kleine, heilige Gebäude, Opferstellen und Schreine stehen. Am Ortsrand der Hauptstadt Nepals steht noch das Pashupatinath - ein Ort, an dem die Hindus ihre Toten öffentlich verbrennen und der von Tausenden Hindus und Wanderheiligen, den so genannten Shadus, besucht wird. Auch die große Bodnadath Stupa, eine der größten Stupas der Welt, steht in dieser Stadt.

Shadus (heilige Männer) traf ich auf dem Durbar Square in Kathmandu (Nepal)

Die größte Attraktion für die Einheimischen sind aber die vielen Touristen, Traveller, Radfahrer usw., die man vor allem in dem Stadtteil Tamel trifft. Hier gibt es alles zu kaufen. Supermärkte, Cafés, gute Restaurants usw. reihen sich aneinander. Abends kann man sich bei einer Flasche Bier die neuesten Reisestories erzählen. Eine Geschichte muss ich an dieser Stelle loswerden: Eines Morgens erzählte man mir an der Rezeption meines bescheidenen Hotels, dass zwei deutsche Radfahrer hier eingetroffen seien. Ich rannte sofort zum Zimmer 204, klopfte an, trat ein und konnte Martin und Stephan, zwei „Leidensgenossen" aus Leipzig, begrüßen. Die Freude war groß. Sie sind etwa die gleiche Route wie ich gefahren und benutzten den gleichen kleinen Grenzübergang im Nordwesten Chinas, allerdings drei Wochen nach mir. Der Grenzer hielt den beiden ein Foto mit meinem Stempel unter die Nase und wollte von den beiden auch so ein Bild. In den nächsten Tagen sahen sie öfter in Kneipen und Läden diesen Stempel, den ich des Öfteren als ein kleines Souvenir hinterlassen hatte.

Und hier in Katmandu, wo sich irgendwann jeder begegnet, haben wir uns ausgerechnet auch noch im selben Hotel getroffen. Sie wollten noch einen Monat durch Nordindien radeln und dann von Bombay aus nach Hause fliegen.

Na ja, am 19. September 1998 feierte ich erst einmal in aller Ruhe meinen 33. Geburtstag. Das kann man hier in Kathmandu sehr gut. Die Zeit ist hier irgendwie in den 60ern stehen geblieben: „Gras", lange bunte Klamotten, alte gute Rockmusik und jede Menge ausgeflippte Typen. Ich blieb hier in Katmandu noch bis Ende des Monats. Erstens wartete ich auf mein beantragtes indisches Visum und zweitens noch auf einen Freund aus Dresden, der hier für zwei Jahre für den Entwicklungsdienst arbeitet. Er sollte mir ein Paket mit Ersatzteilen bringen, das ich vor sieben oder acht Monaten abgeschickt hatte, und alle Post, die für mich eingegangen war.

Inzwischen machte ich mir über den weiteren Weg Gedanken: Ich wollte noch über Pokarra fahren, einen schönen Ort im Westen des Landes mit Blick auf die Himalaja-Kette und das Annapurnamassiv. Von hier aus sollte es dann nach Süden, nach Indien gehen und die Stadt Varanassi am Ganges mein erstes Ziel sein.

Auch diese Steinfiguren kann man in Katmandu bestaunen

Gemeinsam

Meine zwei deutschen „Pedalritter" waren schon in Richtung Indien aufgebrochen, denn diese zwei Studenten hatten „nur" vier Monate Zeit, um ihre Megatour von Leipzig nach Bombay mit dem Fahrrad zu bewältigen. Aber eines Morgens klingelte das Telefon an der Rezeption. Man holte mich aus meinem Zimmer. „Thomas, kannst du schon mal das Frühstück machen", sächselte es am anderen Ende der Leitung. Ich erkannte die Stimme von Martin. „Was ist los?" - „An der indischen Grenze ist uns eine Kurbel gebrochen. Das ganze High-Tech-Zeug taugt alles nichts. Wir kommen mit dem Bus zurück nach Katmandu."

Jetzt saßen wir wieder gemeinsam auf der Terrasse des Hotels und berieten, wie es weitergehen soll. Zuerst wurde der einzige Fahrradladen des Landes, der ein paar passende Teile für unsere Art Räder haben könnte, aufgesucht. Und tatsächlich ließ sich die passende Kurbel dort auftreiben. Mein Bekannter war auch in der Hauptstadt eingetroffen und überreichte mir mein Päckchen mit den ersehnten Ersatzteilen, mit denen ich bis nach Thailand kommen musste. Denn erst in Bangkok gab es wieder eine vernünftige Radteileversorgung.

Ende September brachen wir gemeinsam auf. Wir wollten so lange, bis sich unsere Wege trennen würden, zu dritt durch Nepal und den Norden Indiens fahren. Das war für mich eine sehr gute Abwechslung. Ich war voller Lampenfieber, da es wieder losging, los zu neuen Abenteuern.

Durch die Bergwelt Nepals war es eine schwitzige Angelegenheit. Durch die feuchte Hitze kurbelten wir uns rauf und runter, vorbei an Hütten, Regenwald und Reisfeldern. Wir erreichten Pokarra, eine Stadt mit einer „Touristenmeile" und ein paar Pensionen, die sich als nicht so schön herausstellten. Einen Tag Pause gab es hier für alle, den ich größtenteils mit Arbeiten zubringen musste. Bei einer Schlauchreparatur stellte ich fest, dass meine Hinterradfelge angerissen war und ich musste die Vorderrad- und Hinterradfelge gegeneinander austauschen und hoffte, dass mein „Drahtesel" noch ein paar tausend Kilometer durchhalten würde.

Doch irgendwann Anfang Oktober des Jahres 1998 standen wir an einem schäbigen Grenzübergang. Indien war erreicht, die Gangesebene lag vor uns und Varanassi in greifbarer Nähe. Wir rollten auf relativ gutem Asphalt durch die Hitze des Oktobers. Massen von Menschen, Tieren, Fahrrädern, Rikschas und allen möglichen Fahrzeugen quollen durch die Straßen. Das war für uns eine sehr stressige Quälerei. Wir mussten uns konzentrieren, was in der Hitze, dem Dreck und dem Lärm fast unmöglich war. Dazu wurden wir von allen Seiten angesprochen: „He Mister, how are you, where do you come from..." Und zu allem Negativen kam noch ein Fieber, das Stephan und mich befiel. Mit fast 40 Grad Körpertemperatur ließen wir uns am Abend in billigen Hotels in die Betten fallen und hofften, dass der nächste Morgen nicht so bald kommt. Es war ein Alptraum, den wir in diesen Tagen durchlebten. Ich verzweifelte bei dem Gedanken, dass ich hier für ein paar Monate reisen wollte. Froh war ich, in dieser für mich schweren Zeit nicht allein zu sein.

Varanassi war dann eine Einführung ins Chaos einer indischen Großstadt. Eine komprimierte Form des ländlichen Indiens. Wie durch einen Ameisenhaufen wühlten wir uns durch den Verkehr und quartierten uns in einer billigen Absteige am Ufer des heiligen Ganges ein, immer noch stark von Fieber und Schwäche gekennzeichnet.

Verbrennungsstätten, die typischen Scheiterhaufen, wurden von uns begutachtet und wir sahen Menschen, Pilger, in ihrem heiligen Fluss, der einer der schmutzigsten unserer Erde ist, baden und sogar das Wasser trinken. Daneben gab es wunderschöne Gebäude zu bestaunen. Schon Varanassi brachte es auf den Punkt: Indien ist ein Land voller Gegensätze, und das manchmal auf engstem Raum. Eine schwere Aufgabe stand mir bevor: „Wenn ich hier reisen wollte, so muss ich mit all diesen Dingen fertig werden", so spukten die Gedanken in meinem Kopf umher, während ich mich mit meinen Begleitern durch diese schockierenden Straßen kämpfte.

Wir zogen weiter durch die Gangesebene in Richtung Westen. Unser letztes gemeinsames Ziel hieß Agra. Dort bestaunten wir natürlich alle das Taj Mahal, ein riesiges, beeindruckendes Marmorgebäude, das im 18ten Jahrhundert als Grabstätte errichtet worden war und eines der meistfotografierten Gebäude der Welt sein soll.

Etwas weiter im Westen dann gab es eine Straßengabelung und einen traurigen Abschied von meinen Leipziger Studenten Martin und Stephan.

Taj Mahal – ein Wahrzeichen Indiens

Ihre Zeit wurde knapp und die beiden mussten sich nach Bombay beeilen, um rechtzeitig ihr Flugzeug nach Hause zu bekommen. Im Gepäck des Duos waren Reisebericht, Filme und Souvenirs, die auf diesem Wege sicher und unversehrt in meine Heimat gelangen sollten.

Orientalisch

Jaipur, das im indischen Wüstenstaat Rajastan liegt und bekannt wurde durch den Fernsehfilm „Palast der Winde", war fast erreicht. Wieder fahre ich allein und kann mir den Tag einteilen, wie ich's mag. Dafür fehlten mir meine „Leidensgenossen" und die Unterhaltung und der Spaß, den wir oft miteinander hatten. Am ersten Abend fuhr ich zu einem kleinen Dorf, das leider kein Hotel besaß. Also ging ich zur Polizeiwache und nach langem Hin und Her hatte ich das Einverständnis, mich dort über Nacht hinlegen zu dürfen. Es kam aber dann doch ganz anders, denn ich wurde von einem indischen Lehrer eingeladen.

So blieb nur mein Fahrrad, gut bewacht, bei der Polizei und mein Gastgeber und ich quetschten uns in einen indischen Jeep, der schon ohne uns voll besetzt war. Kilometerweit ging es durch die Nacht bis zu einem entfernten Dorf. Der Lehrer stellte mich seiner Familie vor, die in drei Häusern verteilt wohnte. Wir gingen anschließend einen Freund besuchen, aßen gemeinsam zu Abend. Nach 14 Tagen Fahrt durch Indien erlebte ich die erste richtig positive Begegnung. Am anderen Morgen fuhren wir zurück ins Dorf. Nach herzlicher Verabschiedung holte ich mein Fahrrad ab und radelte also wieder los, in der Hoffnung, vor dem Dunkelwerden Jaipur zu erreichen.

Hier waren die Tage sehr kurz (Sonnenaufgang 6.30 Uhr, Sonnenuntergang etwa 18 Uhr). Vor mir lagen 135 Kilometer flacher, staubiger Straße, es wurde ein sehr warmer Tag. Auf halber Strecke holte mich ein Italiener ein. Er hatte ein Spezialrad: ganz schmale Bereifung, hinten 28er und vorn 26er Rad, etwas kräftiger als hinten. Außerdem war das Fahrrad mit einem kleinen Hilfsmotor ausgestattet, aber auch ohne dessen Benutzung hatte er ein enormes Tempo drauf. Ich passte mich diesem Stil an, denn wir vereinbarten, gemeinsam nach Jaipur einzufahren. Es war fast dunkel, als wir uns im billigsten Hotel ein Zimmer teilten.

Die Altstadt von Jaipur hat einen Hauch Orient an sich. Wir besichtigten gemeinsam den Königspalast, in dem allerlei Kriegsgeräte, zwei mannshohe Silberkrüge und vieles mehr zu sehen waren. Da der Italiener nur zwei Monate Zeit für seine Radtour hatte, verabschiedete er sich schon am nächsten Tag in Richtung Thar-Wüste, die an der pakistanischen Grenze liegt. Ich fuhr erst einen Tag später ab. Mein nächstes Ziel war der Ort Dharamsala, kurz vor Kashmir am Rande der großen Gebirge. Hier lebt der Dalai Lama mit dem tibetischen Parlament und etlichen tibetischen Familien, die ihm ins Exil gefolgt sind.

Sechs Tage lang radelte ich in Richtung Norden, kämpfte mich durch Straßen, die in einem fürchterlichen Zustand waren, und über zweispurige Fernverkehrsstraßen, auf denen man ständig aufpassen musste, nicht vom Verkehr überrollt zu werden. Lkw- und Busfahrer nahmen überhaupt keine Rücksicht und ließen einen spüren, dass man das letzte Glied in der Kette ist. Oft musste ich von der Straße, um mich vor ihnen in Sicherheit zu bringen. Nachts versuchte ich, nicht mehr in Hotels zu schlafen. Ich campierte auf Farmen, in Tempeln oder auf Polizeiwachen. Hier im Norden sind die Leute etwas zurückhaltender. Es gibt hier in der Provinz (Punjap) sehr viele Sikhs, das sind die Menschen, die den berühmten Turban auf dem Kopf tragen. Sie sind hilfsbereit, gebildet, sprechen englisch. In diesen Tagen stellte ich so langsam, aber sicher fest, dass Indien auch Spaß machen kann. Die Sikhs haben übrigens fünf äußere Erkennungsmerkmale: Eisenarmband am rechten Arm, Messer, Unterhose (was in Indien nicht selbstverständlich ist), ungeschnittenes Haar und Bart.

Märchenhaftes

Schon weit hatte ich mich in den Norden des Subkontinentes hineingekämpft, als ich das kleine Städtchen Dharamsala mit dem Ortsteil Mc Leod Ganj erreichte. Ich war fast 1800 Meter hoch und in einer Gegend, die fest in tibetischer Hand ist. Der 1959 ins Exil geflüchtete Dalai Lama ist hier mit seinem Gefolge ansässig geworden - bildete eine Exilregierung mit einem kleinen Parlament. Hier gibt es ein Kloster (Namgyal-Kloster) und ein Institut, das Tibetien Institut of Preforming Art, ein tibetisches Zentrum, das auch mit Hilfe von Spenden aus Deutschland finanziert wurde.

Eigentlich wollte ich um eine Audienz beim Dalai Lama bitten, was durchaus möglich gewesen wäre. Leider hatte ich Pech, kurioserweise befand er sich gerade auf einer Stippvisite in Deutschland. Der wunderschöne Ort entschädigte mich aber für viele Strapazen. Es gibt herrliche Berge, Wasserfälle und vor allem viel Ruhe. Ich teilte mir mit einem Reisenden aus Tschechien ein Zimmer und traf viele andere Weltenbummler, mit denen ich mich austauschen konnte. Mich interessierte vor allem, ob der Weg nach Assam jetzt frei war, wie man am besten nach Kambodscha komme und was der günstigste Flug oder die beste Schiffspassage von Indonesien nach Australien wäre ...

Später fuhr ich von Daramsala, dem nördlichsten Punkt meiner Indienentdeckungsreise, weiter in Richtung pakistanische Grenze nach Amritsar, wo eine ganz besondere Sehenswürdigkeit Indiens steht: der „Goldene Tempel". Er ist das Heiligtum der Sikhs, ein großer Gebäudekomplex aus Marmor und Edelsteinen. Inmitten dieses Komplexes steht er, dieser Goldene Tempel und scheint auf dem Wasser, das ihn umgibt, zu schweben. Nachts wird er angestrahlt und sieht dann aus wie ein Märchenschloss.

Gegenüber dem Tempel gibt es ein riesiges Gästehaus. Bei den Sikhs ist es so üblich, dass ein Fremder kostenlos beherbergt wird. Ich schlief also mit anderen Reisenden zusammen in einem Matratzenlager, aß in einer großen Halle mit Tausenden Menschen. Es gab das Landesgericht Zarpati (Fladen) und Dal-Bat (scharfe Linsen mit Reis). Menschenmassen mit Turbanen drängten sich im Tempel. Sie feierten den Geburtstag ihres ersten Gurus an diesem 4. November.

Ich bekam wieder „Hummeln im Hintern" und zog weiter.

Meine Gedanken fixierten sich schon auf das nächste Ziel: Goa. In dieser ehemaligen portugiesischen Kolonie, südlich von Bombay, wollte ich mich am Meer eine längere Zeit von Dieselqualm, Lärm und Chaos erholen und es mir für den Jahreswechsel gemütlich machen.

Bis dahin waren es aber noch etliche Kilometer, die ich hinter mich bringen musste. Die Thar-Wüste war zu überwinden, Jaisalmer das Ziel. Diese Wüste gilt als eine der heißesten, aber davon war nicht viel zu spüren. Die Nächte waren sogar kühl und die Tage mit 30 bis 33 Grad Celsius, im Verhältnis gesehen, recht angenehm und für mich noch absolut im „grünen Bereich".

Nach sieben Tagen Fahrt erreichte ich die Perle der Thar-Wüste, die auch „Goldene Stadt" genannt wird. Schon von weitem sah man das große Fort, das über der Stadt thront. Die Stadt selbst hat viele schöne Häuser, die von ehemaligen Handelsleuten mit Steinmetzarbeiten reichlich verziert wurden. Überall sieht man Kamele mit oder ohne Wagen, verschleierte Frauen mit reichlich Schmuck an Armen und Hals, Männer mit Turban und den für Rajastan typischen Hosen. Alles ist wie ein Hauch aus 1000 und einer Nacht.

Erholsam ist, dass es hier in der Wüste nicht so viele Leute gibt und man weite Strecken vollkommen allein fahren kann. Einzige Ausnahme ist das Militär, das hier in stärkerem Maße anzutreffen ist. Das wird daran liegen, dass hier die pakistanische Grenze nicht weit entfernt ist. An einem Nachmittag habe ich mich entschlossen, einen Kamelritt zu wagen, und bezahlte dafür umgerechnet etwa 3,20 Mark. Als ich nach drei Stunden wieder absteigen durfte, schwor ich mir, nie wieder über meinen Fahrradsattel zu stöhnen.

Nach drei Tagen an einem Ort war ich froh, dass es wieder weiter ging. Ich fuhr noch etwa 400 Kilometer durch die Thar-Wüste, dann wurde es wieder grüner. Es gab Felder und mehr Menschen, und das „Hallo Sir" und „Good Morning" gehörten wieder zum Alltag. Vorbei war die ruhige Zeit in Rajastan und die Wüste, wo man allein vor sich hin radelte und sich seinen Gedanken widmen konnte. Es gab manche Gegenden, in denen ich bei jedem Anhalten einen Massenauflauf erzeugte. Ganze Menschentrauben drängelten sich um „Else", als ob wir aus einer anderen Welt kämen. Viele Inder können nicht verstehen, wie jemand anders sein kann als sie. Am schlimmsten sind die Kinder. Sie stürmten aus allen Ecken auf einen zu; man hat keine Privatsphäre mehr und es half dann meistens nur noch das Herausziehen meines Knüppels, den ich an mein Gepäck geschnallt hatte. Glücklicherweise reichte schon das Zeigen dieses Stockes, um mir Respekt zu verschaffen und etwas Distanz zu den Aufdringlichen zu halten. Oftmals auch trat ich dann wie wild in die Pedalen, um einfach nur zu flüchten.

Unterwegs in der Thar-Wüste

Höhlentempel

Mein nächstes Ziel war „Mont Abu". Es ist ein Pilgerort der Jains (Hindus). Hier stehen viele Tempel. Der wichtigste ist der Dilwara - eine große Tempelanlage mit viel Marmor und Gold, wie hier in fast allen Tempeln anzutreffen. Als ich durch den Ort fuhr, bot man mir an jeder Ecke ein Hotel an, aber ich sah auch einige kirchliche Einrichtungen.

Schließlich konnte ich bei einem Priester im Vorgarten zelten. Es war ein wunderschöner und erholsamer Ort mit freundlichen, ruhigen Menschen. Der Priester fuhr mit mir auf seinem Motorroller durch die Gegend, zeigte und erklärte mir alles Mögliche. So hatte ich einen ganz persönlichen Reiseleiter, der froh war, einen aufmerksamen und interessierten Zuhörer zu haben. Wir besuchten sogar einen Guru in einem abgelegenen Tempel, der ein Freund von ihm war, und andere beschauliche Plätze und ohne diese „Privatführungen" hätte ich vieles nicht gefunden.

Indischer Schulbus

Wir hatten intensive Gespräche und ich bin ein bisschen mehr eingetaucht in die Welt der Inder. Das hat mein Verständnis für Land, Leute und Religion unheimlich vertieft. So entschloss ich mich spontan, noch ein paar Tage länger zu bleiben. Denn am Sonntag standen Gottesdienst und eine kleine Prozession auf dem Programm, das ich unbedingt erleben wollte. Erst danach setzte ich meine Reise fort. In Goa wollte ich ja an einem Strand noch ein schönes Plätzchen erwischen. Ich fuhr auf der Hauptstraße Delhi - Bombay. Es war ein grausames Radeln. Unendlich viele Lastwagen schleuderten Staub, Dreck und viel Lärm in die Luft. Für zwei Nächte bekam ich eine Lagerstatt in Häusern direkt an der Straße. Ein Muezzin von einer nahe gelegenen Moschee sang schon früh um fünf Uhr. Sicher war hier moderne Technik am Werk, denn die Phonzahl bewirkte bestimmt ein Verstärker. An einer anderen Stelle sang irgendjemand die ganze Nacht einen „Singsang", ebenfalls über einen Lautsprecher. Man hörte es kilometerweit. Da ist es gut, wenn man von den Strapazen geschafft ist und irgendwann einschläft.

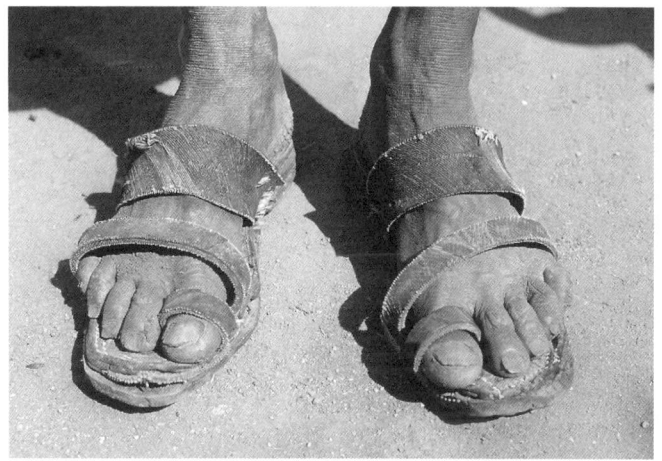

Selbst Autoreifensandalen sind für manche Menschen Luxus

Weiter fuhr ich auf Nebenstraßen bis zu dem kleinen Ort Ajanta, der eine der wichtigsten archäologischen Entdeckungen der Neuzeit aufzuweisen hat. Buddhistische Mönche gruben von 200 v.Chr. bis 600 n.Chr. 30 Höhlen in einen sichelförmigen Bergrücken. Diese schmückten sie aus mit perfekt gestalteten Säulen, Skulpturen und Wandmalereien. Ich habe bei der Besichtigung eine Gänsehaut bekommen. Unfassbar, wie viel Stein hier herausgeschleppt worden ist und wie künstlerisch perfekt alles gearbeitet wurde. Der weite Umweg hatte sich auf jeden Fall gelohnt. 100 Kilometer weiter, bei Aurangabat, hatten die Mönche ihre Arbeit fortgesetzt. Davon zeugen buddhistische und hinduistische Höhlentempel, an denen diese schwere Arbeit bis zum 13. Jahrhundert fortgesetzt wurde. Dort gibt es ein Bauwerk, den Kailascha-Tempel, das als Ganzes aus dem Stein gehauen wurde. 200 000 Tonnen Fels wurden abgetragen. Imposant! Die technische Leistung ist genau so bewundernswert wie die künstlerische. Nach Aurangabat strampelte ich straff auf Goa zu.

Nach sieben Monaten und neun Tagen, nach schier unendlichen Fahrten durch sehr bergreiche Landstriche kam ich in Küstennähe, sah das erste Mal den Indischen Ozean und das Arabische Meer. Ich war an einem der zahlreichen Traumstränden Goas gelandet. Hier verbrachte ich die erste Nacht ganz romantisch unter einer Kokospalme. Über mir strahlten die Sterne und im Ohr hatte ich das beruhigende Rauschen des Meeres - eine schöne Nacht. Am folgenden Tag kam dann etwas Arbeit auf mich zu. Ich musste mir ein Zimmer für einen guten Preis suchen, und das ist mitunter eine schwierige Sache. Aber wenn man auf Luxus verzichten kann, wird man mit der Zeit auch fündig. Ich mietete mir in einem kleinen Dorf in einer winzigen Hütte ein Zimmer für ca. 2,00 Mark. Von Komfort konnte dann auch wirklich keine Rede sein, aber ein Erlebnis war es allemal: In der Hütte gab es kein fließendes Wasser, die Toilette war der nahe gelegene Palmenhain, gekocht wurde am offenen Feuer.

Goa

Etwas zur Geschichte Goas: Goa war Jahrhunderte lang eine von den Portugiesen besetzte Kolonie. Erst als 1961 die indische Armee anrückte, gaben sie ihre Enklave auf. Ende der 60er Jahre entdeckten viele Hippies, darunter auch viele deutsche Aussteiger, die einzigartigen Strände Goas und suchten hier Ruhe vor der indischen Hektik und auch vor Europa. Viele „versackten" hier aber auch. Nun hat die Techno-Welle die Strände Goas erobert und jede Nacht finden unzählige Partys statt, es gibt aber auch viele ruhige Ecken hier, für jeden Geschmack halt etwas.

Die nahe gelegene Hauptstadt Goas, Panji, sah ich mir an und das von dort acht Kilometer entfernte Alt-Goa, die ehemalige Hauptstadt der Portugiesen, mit seinen Sehenswürdigkeiten. Es sind vor allem Kirchen und Kathedralen, zum Teil noch aus dem 17./18. Jahrhundert, die den Besucher beeindrucken. Diese Radtour war sehr angenehm, mal ohne Gepäck, vorbei an verträumten Fischerdörfern, kleinen Kirchen, Palmenhainen und verträumten Buchten, immer entlang an Goas Nordküste.

Jeden Mittwoch ist ein paar Kilometer südlich, am Anjuna-Strand, ein riesengroßer Flohmarkt. Tibeter, Rajastanis, Alt-Hippies und Aussteiger bieten hier alles Mögliche feil. Es gibt auch Schlangenbeschwörer, man kann seinen Körper bemalen lassen oder einfach nur den Leuten zuschauen. Dort habe ich einen ganzen Tag verbracht. Das bunte Treiben ist eine echte Sehenswürdigkeit. Ansonsten beschäftigte ich mich damit, in Reiseführern und Landkarten schon mal Strecke und Sehenswürdigkeiten Südostasiens zu studieren. Ein echtes Problem war immer noch Myanmar (Burma). Über den Landweg einzureisen soll sehr schwer oder gar unmöglich sein. Würde ich das schaffen, wäre ich seit Jahrzehnten einer der ersten Radfahrer. Auch der Staat Assam zwischen Bangladesch und Burma ist ohne Sondererlaubnis tabu, da viele Unruhen zwischen verschiedenen religiösen Gruppen das Leben unberechenbar machen.

Meine weiteren Reise- und Zeitpläne hingen aber vom Transit durch diese Länder und Gebiete ab. Man muss eben immer mehrere Reisevarianten im Auge haben, vieles ergibt sich erst unterwegs. So plante ich, in Richtung Kalkutta und Dhaka (Bangladesch) zu fahren, dort weitere Informationen, zum Teil von der deutschen Botschaft, einzuholen und Visa und Durchreisegenehmigungen zu beantragen.

An den Stränden von Goa

Familie

Nach exakt einem Monat „Kuraufenthalt" in der ehemals portugiesischen Kolonie Goa startete ich Richtung Ostküste. Die Seeluft tat meinen Lungen sehr gut, die nach zwei Monaten Indien und 5500 Kilometern dieselverqualmter „Kampfstraße" ziemlich verdreckt waren. In Goa hatte man das Gefühl, es gehöre nicht zu Indien. Es war dort ziemlich ruhig. Ich konnte einige Nächte ungestört in meiner kleinen Hängematte zwischen Kokospalmen am Strand schlafen, hin und her schaukelnd mit Blick in die Sterne. Es kam niemand und nervte mit Fragen, und ich war nicht den vielen neugierigen Blicken ausgesetzt. Außerdem konnte man in Goa in unzähligen Restaurants, die oft nur aus einer mit geflochtenen Palmenzweigen gedeckten Hütte bestanden, sehr gut und billig essen. Ich hatte mir schon einen richtigen Wohlstandsbauch angefuttert. In dieser Zeit hatte ich viele Bekannte und Freunde gefunden, mit denen ich abends essen ging oder wir trafen uns am Strand. Nach einiger Zeit fühlte man sich richtig „in Familie". Insgesamt gesehen war das die schönste Zeit meiner Indientour.

Nun ging es also weiter. Mein nächstes Ziel war Kalkutta. Ich fuhr einige Tage durch ruhige, schöne Landschaften, durch Dschungel und Felder, bis ich Hampi erreichte. Hampi war vor einigen hundert Jahren die Hauptstadt Südindiens und im 15. Jahrhundert mit dem damaligen Delhi, der heutigen Hauptstadt, zu vergleichen. Übrig geblieben ist nun ein kleines Dorf, das vom Tourismus lebt. Außerdem kommen viele Shadus (Wanderheilige) und andere Pilger hierher, um den hinduistischen Göttern in den alten Tempeln, die teilweise nur noch Ruinen sind, die Ehre zu erweisen. In Hampi findet man ebenfalls Ruhe. Die Landschaft gleicht der in den Märchen: ein kleiner Fluss, aus runden Felsen bestehende Hügel, in den Tälern Bananen- und Kokosbäume und immer wieder Tempel und Gebäude des ehemaligen Palastes mit Wachtürmen, Elefantenstall und Königsbad.

Eines Abends hatte ich ein erfreuliches Erlebnis: Ich traf Eduardo, einen Traveller aus Brasilien, wieder. Mit ihm hatte ich vier Monate vorher in Katmandu (Nepal) im gleichen Hotel gewohnt. Das sind immer wieder Höhepunkte; die Wiedersehensfreude war riesengroß. Erstaunlich, aber wahr: Man trifft sich immer wieder einmal an irgendeinem Ort dieser Welt. Und die Welt wird im Verlauf der Tour anscheinend immer kleiner. Es kommt einem vor, als ob man zwei Familien habe - eine zu Hause und die andere sind die Reisenden und alle gastfreundlichen und hilfsbereiten Menschen im Land, durch das man gerade radelt.

Diese Kinder sammeln auf der Müllhalde noch Brauchbares

Ich musste aber trotzdem feststellen, dass mein Nervenkostüm manchmal nicht dick genug war. In Indien brauchte man ein noch dickeres. Immer wieder passierte es, wenn ich in einer kleineren Stadt ankam, einen Tee trinken wollte und mir einen Schlafplatz suchte, dass ich von so vielen neugierigen Indern belästigt wurde, dass oft die Polizei zu Hilfe kommen musste, um den Weg frei zu machen. Meine Schlafplätze wurden deshalb immer häufiger christliche Kirchen und Missionen, wo man so etwas wie ein „Zuhause" findet und in relativer Ruhe ein paar gute Gespräche führen kann. Man erfährt viel über die Probleme und das Leben der Inder und außerdem gibt es oft noch ein gemeinsames Abendbrot.

Besonders im Osten Indiens ist mir aufgefallen, dass ich „Armut" neu definieren musste und die hygienischen Bedingungen sehr problematisch sind. Besonders früh am Morgen sieht man in den Dörfern unweit der Straßen viele Menschen ihr „großes Geschäft" verrichten, mit einem Pott Wasser in der rechten Hand, mit der linken Hand sich notdürftig abwaschend - dementsprechend ist der Gestank. Wasserträger, oft nur in Stofffetzen gehüllt, holen von weither Wasser und ich sah halb nackte Gestalten die Straße entlangwandern.

Doch jetzt spannte ich erst einmal ein bis zwei Tage aus am Strand des Badeortes Gopalpur, an der Ostküste dieses Subkontinentes. Dieser Strand ist jedoch nicht zu vergleichen mit dem von Goa. Hier erholen sich hauptsächlich indische Touristen und dementsprechend ist die Hygiene. Der Strand gleicht einer Müllhalde.

Ein Wasserträger auf dem Weg in Ostindien

Heilsarmee

Ich fuhr jetzt zielstrebig auf Kalkutta zu und freute mich dann auf die nächsten Länder. Der Nord-Ost-Passat blies mir stetig einen relativ kühlen Wind vom Himalaja entgegen, das erschwerte das Radeln in Richtung Kalkutta und so kämpfte ich mich mühsam die letzten paar hundert Kilometer aus Indien heraus. Plötzlich bekam mein Hinterrad einen leichten Schlag. Ich wollte es zentrieren und musste feststellen, dass aus meiner Hinterradnabe ein Stück Aluminium herausgerissen war - drei Speichen hingen in der Luft. Da gab es nichts mehr zu reparieren. Zum Glück hatte ich eine Ersatznabe mit. Also setzte ich mich hin, speichte die alte Nabe aus und die neue ein. Ich war froh, dass ich die Reparatur in der Garage an einer Kirche durchführen durfte, so dass ich die nötige Ruhe dazu hatte. Jetzt musste das Hinterrad mindestens bis Bangkok/Singapur durchhalten. Dort gibt es alles, was ein Radlerherz begehrt. Die extreme Belastung auf den Pisten Tibets und die schlechten Holperstraßen Indiens hatten ihren Tribut gefordert.

Bald erreichte ich Kalkutta, fuhr über die ehrwürdige Howard-Brücke (die Pläne stammen von einem deutschen Architekten). Es war zwar noch früh am Morgen, der Verkehr noch nicht in vollem Gange, aber trotzdem lag ein penetranter Dieselgestank in der Luft, so dass ich mit einem Tuch vor Mund und Nase weiterfuhr. Ich fragte mich nach dem Gästehaus der Heilsarmee durch und konnte mich für 2,60 Mark in einem Sechs-Mann-Zimmer einquartieren. Es geht hier streng zu - die Nachtruhe ist exakt einzuhalten.

Vom Gästehaus aus erledigte ich meine wichtigen Wege, holte Informationen für meinen weiteren Weg in der deutschen Botschaft, bei der Ausländerpolizei und in der Touristeninformation ein. Keiner konnte mir genau sagen, ob der Weg durch Burma frei sei, also musste ich es einfach blind versuchen. Nach allen Erledigungen nahm ich mir Zeit für die Sehenswürdigkeiten Kalkuttas: Victoria Memorial -ein riesiger Bau (um 1900 von den Engländern errichtet), der ein Museum für koloniale Geschichte beherbergt, die Pauls-Kathedrale, den hinduistischen Kali-Tempel (wo auch heute noch fast täglich im Morgengrauen Tieropfer dargebracht werden) und natürlich das Haus der bekannten Mutter Theresa, die in Kalkutta etliche Hospitäler und ein Sterbehaus für die ganz Armen errichtet hatte. Im Haupthaus kann man den weißen Marmorsarg sehen, in dem Mutter Theresa beigesetzt wurde. Sie wird auch noch im Tod verehrt, denn sie hat sich ihr ganzes Leben für die ganz Armen eingesetzt. Es gibt viele Menschen, die kein Zuhause haben, auf der Straße schlafen und sich mit alten Säcken oder Lumpen zudecken. Ich habe noch nie zuvor so viel Elend gesehen wie in Kalkutta und es ist schwer, das alles zu verarbeiten. Trotz allem ist es für mich eine beeindruckende Stadt.

Am Grab von Mutter Theresa

Visumjagd

Das Gästehaus der Heilsarmee, in dem ich während meines Aufenthaltes in Kalkutta wohnte, weil es die preiswerteste Herberge in dieser Stadt ist, ist ein Treffpunkt für Reisende. Dort werden Erfahrungen ausgetauscht. Das Problem der Durchreise durch Burma war immer noch nicht gelöst. Beim Beantragen des Visums für Bangladesch beim Konsulat in Kalkutta wurden wir (zwei andere Radler, die ebenfalls durch Bangladesh und Burma wollten und ich) gleich abgewiesen. Der Landweg wäre unmöglich und wir sollten doch das Flugzeug von Kalkutta nach Dakka (300 Kilometer - die Grenze ist nur 100 Kilometer entfernt) nehmen.

Die beiden Radler ließen sich nicht entmutigen und radelten los. Sie sagten mir, wenn sie in drei Tagen nicht zurück wären, hätten sie die Grenze überwunden. Weil sie nicht wieder kamen, radelte ich ein paar Tage danach auch los. An der Grenze bekam ich für 13 Dollar ein Visum für 30 Tage in meinen Pass und so war ich im Land - übrigens das achte auf meiner Tour.

Bangladesch ist ein moslemisches Land und eines der ärmsten auf der Welt. Es ist flach und in der Regenzeit sind große Teile des Landes überflutet. Es ist etwa zweimal so groß wie Bayern, hat aber rund 130 Millionen Einwohner. Die Armut erschien mir fast noch schlimmer als in Indien. Da es hier sehr wenig Touristen gibt, war ich bei meinen Stopps auf der Straße immer gleich umringt von Menschenmassen. Ich war nie allein, hatte keine Privatsphäre mehr. Dafür gab es aber hier sehr gute asphaltierte Straßen und es herrschte mehr Sauberkeit als in Indien.

Gleich hinter der Grenze fiel mir auf, dass es hier eine Unmenge an Rikschas gab, für Personen- und Gütertransport. Manch besonders gut gepflegtes „Dreirad" war liebevoll bemalt mit goldenen Mustern und geschmückt mit schillernden Fransen.

Die Hochburg der Rikschas war die Hauptstadt Dakka, die ich nach zwei Tagen und einer zweistündigen Überfahrt

über den Ganges erreichte. Hier gab es jeden Tag regelrechte Rikscha-Staus. Viele so genannte „Babytaxen" (Dreiräder
mit Mopedmotor), stinkende Busse und Lkws machten die
Luft in dieser Stadt unerträglich. Wieder einmal musste ich
mir eine aus Leinen bestehende Atemmaske zulegen, um
meine Lungen wenigstens ein bisschen zu schonen. In Dakka wohnte ich drei Tage bei Bekannten in einer luxuriösen
Wohnung. Es waren drei deutsche Praktikanten, die zur Zeit
in der deutschen Botschaft tätig waren, und Andreas aus
Westdeutschland, der für zwei Monate bei der Gesellschaft
für Technische Zusammenarbeit (GTZ) arbeitete.
Ich hatte ebenfalls einen Arbeitstag in Dakka. Ich versuchte,
ein Visum zu erhalten, aber vergebens, da ich ein Flugticket
nach Burma hätte vorlegen müssen, um ein Visum zu bekommen. Auf dem Landweg sah ich keine Chance, nach
Thailand zu gelangen.

Rikschastau in Dakka

Goldbuddha

Weiter ging es von Dakka nach Chittagong. Dort bekam ich ein Zimmer in einer katholischen Kirche, ging zu einer privaten Containerschiffsgesellschaft, klopfte beim Chefmanager an und erklärte meine Situation. Er hatte Verständnis für mich, setzte alle Hebel in Bewegung, um mir zu helfen, mit einem Frachter nach Singapur zu fahren und somit wenigstens Burma zu umschiffen. Zwei Tage lang kämpften wir gegen den Bürokratismus. Das Ergebnis war gleich Null. Ich musste mich also dafür entscheiden, die gleiche Strecke zurückzuradeln, die ich vor ein paar Tagen gekommen war. Nach zwei Tagen war ich also wieder in Dakka, quartierte mich in einem Buddhisten-Kloster ein und ruhte mich einen Tag aus. Danach ging es noch einmal nach Kalkutta. Dort organisierte ich meinen Flug nach Bangkok, denn in Kalkutta war mein Ticket 150 Dollar billiger als in Dakka. Ich war zeitlich zurückgeworfen, umsonst unterwegs gewesen und um einige Erfahrungen reicher.

Eines Morgens, es schien ein heißer Märztag zu werden, war ich radelnderweise unterwegs zum Flughafen von Kalkutta. Ich kaufte mir für ein, zwei Rupien (ca. acht Pfennige) einen letzten süßen Milchtee. Ich dachte in diesem Moment an die ersten Tage meiner Indienreise, an die Zeit, als ich am liebsten wieder umgekehrt wäre. Vieles hat sich seit den Tagen geändert, vor allem in meinem Kopf. Die indische „Schule" war hart und es hat lange gedauert, in diese Gesellschaft einzutauchen. Doch gerade, wenn es hart ist, so bleibt das Erlebte besonders intensiv haften. Ich versprach mir, auf jeden Fall wieder in dieses Land der Gegensätze zu reisen. Mit diesem schwachen Trost stieg ich mit meiner „Else", die mich auch noch 36 Dollar Fluggebühr kostete, in eine kleine Maschine der Druk Air nach Bangkok. Unter mir wurde Kalkutta immer kleiner und verschwand im Dunst. Es ging wieder weiter, weiter mit dem schnellen Kompromiss eines Flugzeuges in eine andere Welt. Südostasien wartete auf mich.

Auf dem riesengroßen Flughafen von Bangkok angekommen, machte ich als Erstes mein Rad startklar und fuhr auf sauber asphaltierten Straßen mit tobendem Autoverkehr in Richtung Innenstadt. Bei etwa 35 Grad Celsius und hoher Luftfeuchtigkeit kam ich schon nach den ersten Metern ins Schwitzen. Hier in Thailand gab es wieder Verkehrsregeln und manch Autofahrer gab mir als „Schwächerem" die Vorfahrt - fast wie zu Hause. Ich musste mich auf diese Fahrweise erst wieder einstellen, nachdem ich etwa acht Monate chaotische Verhältnisse erlebt hatte. In Bangkok quartierte ich mich in einem billigen Gästehaus ein. Ich beantragte ein Visum für Laos, das ich noch bereisen wollte, und sah mir dann die Sehenswürdigkeiten der von riesigen Wolkenkratzern und Hochstraßen geprägten Stadt an. Auch hier gibt es eindrucksvolle buddhistische Tempel. Besonders gefiel mir der Tempel der Morgenröte „What Arun", ein Wahrzeichen der Stadt. In einem anderen Tempel inmitten der riesigen Metropole befindet sich ein 5,5 Tonnen schwerer, 3,5 Meter hoher Buddha aus massivem Gold. Natürlich ist auch der Königspalast sehenswert.

Im buddhistischen Thailand angekommen

Eine ganze Woche lang musste ich auf die Bearbeitung meines laotischen Visum warten, sah mir noch ein paar Sachen an, traf etliche Reisende, aus denen ich so manche Information „ausquetschen" konnte. Sobald ich das Visum in den Händen hielt, ging aber die Fahrt weiter, hinaus aus der Stadt. Mit dem Gesicht nach Westen strampelte ich Richtung burmesische Grenze. 130 Kilometer westlich von Bangkok, in Kanchanaburi, kann man noch ein Stück der Todesbahn erkennen, die die Japaner im II. Weltkrieg als Versorgungsweg für Burma bauten. Sehenswert und in Filmen festgehalten ist auch die berühmte Brücke über den Fluss Kwai. Von den über 30 000 Gefangenen, die zum Bau eingesetzt wurden, sind über die Hälfte an Krankheiten und Unterernährung gestorben. Wieder einmal ein Stück Geschichte, das vom Krieg geschrieben wurde.

Heute ist die berühmte Brücke über den Fluss Kwai eine Touristenattraktion

Klaus

Weiter auf dem Weg nach Nordthailand durch die Zentrale Ebene stiegen die Temperaturen manchmal auf 40 Grad Celsius. Es war die heißeste Jahreszeit. Da ich mein Bett (Schlafsack und Moskitonetz) immer bei mir hatte und keine großen Ansprüche an die Unterkunft stellte, fand ich in buddhistischen Tempeln und Klöstern immer einen Schlafplatz. Von den über 58 Millionen Thais sind etwa 200 000 buddhistische Mönche. Sie sind meist sehr gastfreundlich. Es ist für Europäer ein fremdes, aber interessantes Erlebnis, den Alltag der Mönche kennen zu lernen. Auf dem Weg nach Nordthailand sah ich mir auch noch die ehemaligen Hauptstädte der ersten Thai-Königreiche an.

In Thailand ist es leicht voranzukommen. Die Straßen sind vierspurig, alles ist perfekt. Im Flachland ähneln sie einer Landepiste für Flugzeuge. Es wird immer noch gebaut, jedoch ist es für Fahrradfahrer sehr eintönig. Ob der Mensch irgendwann mal ganz zufrieden ist? Dazu kommt noch die manchmal fast unerträgliche Hitze. Ich muss mich bremsen, nicht meinen ganzen Geldvorrat in eiskalte Cola umzusetzen. Auf Thailands Straßen ist man als Fahrradfahrer eine Ausnahme und wird aus den Autos heraus wie ein Held begrüßt.

Eine Woche durch Thailands Hitze lag hinter mir, als ich in die zweitgrößte Stadt, Chiang Mai, hineinradelte. Die erste Nacht schlief ich auf einer Wiese im berühmtesten Tempel „What Prah Singh" und keulte schnaufend mit voller Ladung am anderen Morgen zum 1200 Meter hohen Berg Doi Suthep, auf dem ein wunderschönes Kloster und ein Palast des Königs liegen. Auf halber Höhe kam mir ein älterer Herr auf einem gelben Mountainbike entgegengeschossen. Er war so schnell, dass ich seinen Gruß gar nicht erwidern konnte. Ein paar Minuten später keuchte es an meinem Hinterrad und der Herr mit dem knallgelben Rad keuchte an meiner Seite. Er stellte sich als „Klaus Peter" vor und erzählte mir, dass er mit seiner Familie in Chiang Mai wohnt, 56 Jahre alt ist und schon seit Jahren täglich die steile Straße hoch zum Königspalast fährt. Bewundernswert, noch ein Fahrradfreak! Gemeinsam kamen wir oben an. Spontan entschied er sich - nachdem ich ihm von meinem Vorhaben, durch Laos zu radeln, erzählt hatte -, mich durch Laos zu begleiten. Nachdem ich mir das wunderschöne Kloster angesehen, die Vergoldungen und die prächtigsten Farben bestaunt hatte, fuhr ich gegen Abend, wie vorher ausgemacht, zu Klaus. Da er auf sein Visum ein paar Tage warten musste, machten wir gemeinsam eine Drei-Tages-Tour in den Norden. Er zeigte mir Elefantentrainingszentren und andere Sehenswürdigkeiten. Wir fuhren gemächlich durch liebliche Landschaft. In den Dörfern übernahm er das Feilschen und ich war erst einmal diesen lästigen, aber notwendigen Job los. Er konnte ein wenig Thailändisch und die Preise für das Essen waren jetzt viel geringer als Tage zuvor, als ich am Feilschen war. Wir verstanden uns prima, obwohl er 22 Jahre älter war als ich, mein Vater hätte sein können. Als Klaus endlich sein Visum bekam, packten wir unsere Reiseutensilien und machten uns am nächsten Morgen, nach Einnahme einer großen Portion Sam Dam (eine Art scharfer Gemüsesalat), auf den Weg. Es ging über Chiang Rai weiter ins „Goldene Dreieck" (Burma, Laos, Thailand) und dann zum nördlichsten Grenzpunkt von Laos. Hier mussten wir mit dem Boot übersetzen. Man sagt, dass es in Laos so wäre wie in Thailand vor 40 bis 50 Jahren - und so erschien es mir auch. Nach der Grenze gab es nur noch einige Kilometer Asphaltstraße und dann wurde es abenteuerlich. Rechts und links der nun unbefestigten Straße stand der Urwald wie eine Wand: unheimlich, dunkelgrün und undurchdringlich. Die Urwaldpiste war zehn bis 20 Zentimeter mit einer rötlich-braunen Staubschicht bedeckt, darunter lagen große, lockere Steine. Wenn ab und zu ein Lkw vorbeikam, lag der Staub minutenlang in der Luft und legte sich auf „Pferd und Reiter". Außerdem ging es ständig bergauf und bergab. Mein Begleiter Klaus stürzte zweimal bei einer Abfahrt und gab schließlich auf. Unsere gemeinsame Reise war zu Ende. Klaus fand einen LKW-Fahrer, der ihn mit zurücknahm, lud sein Fahrrad auf, ich war allein. Ein paar Mal war ich auch drauf und dran aufzugeben, aber das Erleben dieser Ursprünglichkeit des Dschungels, die kleinen Urwalddörfer, in denen ich übernachtete, hielten mich immer wieder davon ab. Getrieben von Pioniergeist kämpfte ich mich voran. Eines Morgens regnete es so stark, dass sich die Piste in eine Rutschbahn aus Schlamm verwandelte, der sich in alle Ritzen meines Rades setzte. Es ging nichts mehr und ich musste eine mehrstündige Zwangspause in einem Dorf einlegen. Als der Weg wieder einigermaßen befahrbar war, kämpfte ich mich weiter vorwärts, streckenweise nur durch Schieben des Rades. Nach Tagen erreichte ich das, was mal eine Asphaltstraße gewesen sein musste. Der Belag war mehr kaputt als intakt. Als ich weiterstolperte, kam mir ein 55-jähriger Kanadier entgegen. Er keuchte gerade den Berg hoch, hatte zwei kaputte Leinensäcke und einen riesigen Seesack als Gepäck auf seinem Hinterrad verstaut. Er erzählte mir, dass er schon einige Jahre mit dem Rad unterwegs sei. Wir aßen ein paar Bananen zusammen und tauschten Erfahrungen aus. Er lobte immer wieder meine gute Ausrüstung und ich sah, dass man auch einfacher vorwärts kommt. Dieser Kanadier wollte für einige Monate nach China (die Grenze ist übrigens von hier nur 30 Kilometer entfernt), um eine neue Sprache zu lernen, und so zog jeder seines Weges. Ich fuhr noch zwei Tage durch die wunderschöne Berglandschaft, genoss die ursprünglichen kleinen Dörfer und die vom Tourismus noch nicht verdorbenen Menschen.

An einem kleinen Tempel, in dem ich übernachten durfte, machte ich einen Tag Pause. Der Tempel lag an einem kleinen Fluss, in Ruhe kochte ich mir ein Süppchen und schrieb an meinem Reisebericht, sah von oben den Kindern beim Baden zu und sprang dann und wann selbst in die Fluten. Bei einem Gespräch mit einem Mönch erfuhr ich von den Problemen der buddhistischen Religion in Laos. Bis 1985 war Laos fast völlig vor der restlichen Welt verschlossen, wie auch Vietnam und Kambodscha. Da die Länder früher stark an Russland und den Kommunismus gebunden waren, konnten sie sich erst nach der „europäischen Wendezeit", also ab der Zeit von Michael Gorbatschow und der Perestroika öffnen. So langsam wurde es möglich, die Länder zu bereisen und sacht entwickelt sich auch hier der Tourismus. Die Regierung ist zwar sozialistisch, muss sich aber den Zeichen der Zeit stellen. Laut Aussagen des Mönches ist seit ein paar Jahren, wenn auch eingeschränkt, das Bauen von Tempeln wieder erlaubt und das religiöse Leben kommt wieder in Gang, wenn auch nicht so ausgeprägt wie in Thailand.

Klaus konnte auf dem Markt immer einen guten Preis aushandeln

Neujahr

Weiter ging es, die Berge hoch und runter. Ich erreichte Luangphrabang. Am Tag meiner Ankunft begann gerade das buddhistische Neujahrsfest, das hier ausgiebig mit Prozessionen von Mönchen, Elefanten, den Landesschönheiten und riesigen Menschenmassen gefeiert wird. Am anderen Ufer des Mekong-Flusses wohnte ich einem traditionellen Raketenschießen bei, eine alte chinesische Tradition. Riesige, übermannsgroße Raketen, die den ganzen Tag an einer speziellen Rampe aus Bambusrohr gezündet wurden, begeisterten die Zuschauer. An den zwei darauf folgenden Tagen fanden Umzüge statt und es kam zu Straßenwasserschlachten. Jeder bekämpfte jeden mit Wasserspritzen, Wassereimern und was gerade greifbar war. Auch ich wurde nicht verschont und selbst vom Himmel kam jeden Tag ein bisschen mehr Regen herunter. Wahrscheinlich begann so langsam die Regenzeit und „Else" und ich mussten uns auf etwas mehr Nass einstellen. Zum Glück regnete es nicht den ganzen Tag, nur ein bis zwei Stunden und dann knallte wieder die Sonne.

In der Stadt waren übrigens alle Hotels und Gästehäuser während des Festes ausgebucht und ich schlief wieder einmal unter dem Vordach eines Tempels. Dafür traf ich hier einen Radreisenden aus Riga (Lettland), der auf dem Weg nach China war. Wir verbrachten die drei Festtage gemeinsam und trennten uns dann wieder und die Speichenräder rollten auf einigermaßen guten Straßen in Richtung Hauptstadt Vientiane. Mit extremen Höhenunterschieden, etwa 20 Kilometer steil bergauf und dann wieder 20 Kilometer steil bergab, durchfuhr ich mal wieder eine grandiose Berglandschaft mit wunderschönen Aussichten. Dazu kam noch – meistens nachmittags - das Spiel der aufkommenden Gewitterwolken mit der Sonne. Der Gedanke an die Regenzeit, die nicht mehr fern war, beunruhigte mich etwas. Man muss dann viel Zeit mit Warten verbringen, unter einem Dach oder an einer Bushaltestelle, und das oft stundenlang.

Außerdem macht einem die extrem feuchte Luft zu schaffen, die auch für die Ausrüstung nicht gut ist.

Aber vorerst brannte die Sonne noch, wie durch eine Lupe gebündelt, unbarmherzig auf dem nassen Rücken. Stechmücken, vom Schweiß besonders angezogen, finden zielsicher solche Stellen, an denen ich mich nicht wehren konnte, und nachts machten mir die Ameisen zu schaffen. In meinem Tagebuch notierte ich für den 18. April 1999, dass ich in der Nacht mit meinem Netz von einem Platz zum anderen geflüchtet bin, aber die Ameisen waren immer schneller als ich, so dass ich früh aufbrechen musste.

Bei feuchtwarmem und bewölktem Wetter und nach vielen schwitzigen Kilometern wollte ich mir ein paar interessante Höhlen an der Strecke auf der anderen Seite eines Flusses besehen, aber es war Hochwasser und die Besichtigung musste ausfallen. Also fuhr ich weiter. An einem kleinen Dorf, in dem ich mir Bananen kaufen wollte, wurde ich zu einem Fest eingeladen, durfte mit essen und ein paar Reisschnäpse trinken und konnte mich nur mit Mühe nach einer Stunde wieder losreißen. Nach Tageskilometer 120 wartete ich in einem kleinen Tempel auf den Mönch, um zu fragen, ob ich einen Schlafplatz bekommen könnte.

Ich erreichte Vientiane, die Hauptstadt von Laos. Drei Tage verweilte ich hier. Anschließend radelte ich bis Pakse, einem kleinen Grenzort vor Kambodscha. Dort verbrachte ich den letzten Tag des ersten Jahres meiner Reise in einem Straßencafé mit einem Schweizer, der seinen Bus verpasst hatte. Wir schwatzten elf Stunden lang bei Cola, Tee und entspannter Atmosphäre über Gott und die Welt. Nach genau einem Jahr im Sattel und 25 400 Fahrradkilometern passierte ich erneut die Grenze zu Thailand.

Nach so einer langen Zeit per Rad gehört man nicht mehr zu den „Grünschnäbeln". Und einige Leute trifft man unterwegs wieder. Manche waren ebenso wie ich oftmals jahrelang unterwegs. Nicht selten hört man sie dann sagen:

„Da kommt wieder der verrückte Radfahrer aus Deutschland."

Übrigens freute ich mich über jede E-Mail aus Deutschland. Neulich wurde ich über diesen Postweg gefragt, wie es mir seelisch erging auf meiner bisherigen Reise. Ich informierte die Daheimgebliebenen, dass ich am Anfang glaubte, die Zeit verginge sehr langsam. Jetzt hatte ich das Gefühl, schon ewig unterwegs zu sein, sicherlich lag das auch daran, dass ich in relativ kurzer Zeit viel erlebt hatte. Mit der Zeit wurde das Travellerleben zum Alltag und man genoss alles Schöne, lernte Land und Leute kennen, und die Zeit verging manchmal viel zu schnell.

Dabei rückte auch die Heimat nicht nur von den Kilometern her immer mehr in die Ferne, man gewinnt immer mehr Abstand zu allem, was zu Hause ist. Man beschäftigt sich mehr mit den Problemen des Landes, in dem man gerade ist, und mit den eigenen, täglichen Problemen, die man ja immer hat, und fühlt sich mehr mit den Reisenden verbunden, die die gleichen Probleme haben, tauscht Erfahrungen aus und denkt dadurch nicht so oft an Zuhause. Ich war mir aber sicher, wenn ich wieder in heimatlichen Gefilden bin, sind Familie und Freunde wieder wichtig, und die Reiseerlebnisse werden dann nur noch eine schöne Erinnerung sein.

Zwangspausen

Als ich, aus Richtung Laos kommend, in Bangkok eintraf und schnurgerade zu meinem Schlafplatz, einem sehr preiswerten Gästehaus, radelte, staunte der Chef nicht schlecht, als ich mich zu später Stunde meldete. Nach stundenlangem Kampf durch den chaotischen Verkehr der 10-Millionen-Metropole war ich sichtlich froh, ein Bett zu sehen. Ich war zum Aufenthalt in Bangkok gezwungen, denn meine „Else" brauchte eine neue Felge, zwei neue Reifen und auch die Schläuche waren wieder einmal fällig. Da in Bangkok alles auf Autofahren eingestellt ist, musste ich mit dem Bus über eine Stunde im „Großstadtdschungel" fahren und immer wieder fragen, wo ein Fahrradgeschäft wäre. Eine Woche verbrachte ich noch in dieser Riesenstadt, dann ging es endlich ein Stück weiter, etwa 2000 Kilometer nach Süden. - Südthailand, Malaysia, Singapur waren die nächsten Ziele. Hitze erwartete mich wieder und extrem feuchte Luft durch den täglichen Regen. Meistens öffnete der Himmel nachmittags für ein bis zwei Stunden sehr kräftig seine Schleusen, so dass ich dann immer Zwangspausen einlegen musste. Für die Nacht musste ich mir für mein Mückennetz ein Dach suchen. Im Zelt zu schlafen war unmöglich, weil die schwüle Hitze am Abend unerträglich wurde, aber unterm Netz kommt man doch ab und zu einmal in den Genuss einer sanften, nächtlichen Brise. Nicht selten musste ich bei ca. 31 Grad Celsius einschlafen und bin morgens bei 29 Grad aufgewacht. Nach einer Woche auf der einzigen und relativ langweiligen Straße von Bangkok in Richtung Süden habe ich mich auf einer kleinen Insel namens Ko Phangan eine Woche ausgeruht. Ich setzte mit der Fähre über und konnte mir für wenig Geld einen kleinen Bungalow mieten. Diese Insel wurde noch nicht von vielen Touristen entdeckt, ist somit ein Geheimtipp. Mein Hüttennachbar John war ein 43-jähriger Kanadier. Wir verbrachten beide gemeinsam eine gemütliche Woche. Sie bestand ausschließlich aus Schlafen, ausgiebig Frühstücken,

Lesen, Baden und Am-Strand-Liegen, Abendessen im Restaurant und anschließend vor dem Bungalow Gitarrespielen und Schwatzen. Eine schöne Zeit um Kräfte zu sammeln.

Wieder auf dem Festland ging es volle Fahrt voraus in Richtung malaysische Grenze. Drei Tagesreisen davor kam mir ein Paar auf Fahrrädern entgegen. Die Köpfe gesenkt kämpften sie gegen den Wind an. Ich klingelte, sie schauten hoch und riefen wie aus einem Mund: „Hallo Thomas, das gibt es doch nicht!" Es war das Paar (Portugal/Schweiz), das ich in Kalkutta getroffen hatte. Sie waren vor mir nach Bangladesch aufgebrochen und hatten mehr Glück als ich, waren mit dem Frachtschiff von Bangladesch nach Singapur gereist und von Singapur aus mit den Rädern in Richtung Norden nach Thailand und Indochina unterwegs. Die Freude war groß. Wir verbrachten die Nacht im nahe gelegenen What (Tempel), kochten gemeinsam und schwatzten bis tief in die Nacht hinein. Bei so einer Gelegenheit wurden immer wertvolle Erfahrungen und Tipps ausgetauscht. Früh, nach der Verabschiedung, fuhr jeder wieder seines Weges. Mein Thailandaufenthalt neigte sich dem Ende zu. Und die guten Quartiere für die Nacht, wie beispielsweise buddhistische Tempel, wurden immer rarer. Mit jedem Kilometer änderte sich nicht nur die Landschaft, sondern auch die Religion. Ich sah mehr und mehr Moscheen, Frauen mit Kopftüchern und Männer mit den typischen Kappen auf dem Haupt.

Schrauben

Ende Mai erreichte ich die malaysische Grenze und passierte sie ohne größere Schwierigkeiten an der Ostküste. Geplant war ein Monat Malaysia, einschließlich Singapur. Diese Küste ist im Vergleich zum Westen nicht so stark entwickelt, aber dafür ist sie schön ruhig. Ich fuhr oft auf Nebenstraßen durch kleine Fischerdörfer und vorbei an Ölpalmen und Kautschukplantagen. In Malaysia musste ich feststellen, dass vieles wesentlich teurer ist als in Thailand, vor allem das Obst, das mir besonders gut schmeckt. Die Menschen in Malaysia sind zurückhaltender, was das Reisen manchmal auch angenehmer macht. So kann man stundenlang in einem Café sitzen, ohne angesprochen zu werden. Da Malaysia ein relativ kleines Land ist (wenn man den Teil auf Borneo weglässt), war ich schnell am Südzipfel, im Staat Johor mit seiner Hauptstadt Johor-Bahru. Hier kaufte ich noch etwas ein und begab mich auf die Suche nach einer Werkstatt, wo etwas an meinem Kocher geschweißt werden konnte. Nach einigem Suchen fand ich eine und wurde von den Mechanikern zum Mittagbrot eingeladen und dann vom Chef noch für den Abend. Er stellte mich seiner Familie vor und seinem Vater, mit dem ich mich wunderbar unterhalten konnte und der darauf bestand, dass ich das ganze Wochenende bleibe. Am Tage zeigte er mir die Stadt und abends dann das Nachtleben. Nach drei Tagen war ich ganz schön geschafft. Ich musste feststellen, dass nicht nur das Radfahren anstrengen kann.

Am Montag fuhr ich über die große Brücke in den Stadtstaat Singapur, wo ich ein paar Tage das Überleben in der Stadt trainieren musste. Singapur übertrifft mit seinen Preisen sogar Deutschland: Der teuerste Platz seit Monaten - aber dafür auch sehenswert. Die absolute Ausnahmeerscheinung in Asien, was die Sauberkeit betrifft. Besonders die Innenstadt ist extrem sauber. Wer eine Zigarettenkippe oder anderen Abfall wegwirft, dem drohen hohe Geldstrafen. Im Westen der Stadt dominiert ein Industriekomplex, in dem sich Firmen aus der ganzen Welt angesiedelt haben, der aber auch wie „aus dem Ei gepellt" aussieht. Am ersten Tag suchte ich gleich die japanische Fahrradkomponenten- fabrik „Shimano" auf. Ich stellte das Projekt „Else" vor und der Boss überreichte mir einen Beutel mit wichtigen Ver- schleißteilen für mein Rad. Da war die Freude groß. Am zweiten Tag ging es dann in die City - aber wo sollte ich schlafen? Alle Hotels waren extrem teuer. Das Problem löste sich jedoch auf wundersame Weise. In Tibet hatte ich einen Chinesen aus Singapur kennen gelernt, den rief ich an, um mich mit ihm zu treffen. Er freute sich sehr über das Wiedersehen, lud mich einen Abend zum Essen ein und bezahlte mir obendrein noch für drei Tage eine verhältnis- mäßig preiswerte Unterkunft in der Innenstadt. Tagsüber ging es auf Stadtbesichtigung. In Singapur leben rund 70 Prozent Chinesen. Sie haben das Finanzwesen und den Handel fest im Griff. Da sie am liebsten handeln, besteht die Innenstadt fast nur aus riesigen Einkaufszentren und kleinen Geschäften. Dass das Einkaufen dort angenehm ist, ist Ansichtssache, mir hat es keinen Spaß gemacht, denn durch die große Konkurrenz wird mit einer Aggressivität gehandelt, dass einem der ganze Kaufvorgang vergehen kann. In der Stadt leben, außer Chinesen, auch noch Inder und Geschäftsleute „aus aller Herren Ländern", jeder bringt seine Kultur und Religion mit, was die Stadt zu einem mul- tikulturellen Zentrum im südostasiatischen Raum macht. Hier gibt es Kirchen, Moscheen und einige Hindutempel, die aber nicht zu vergleichen sind mit den indischen Tem- peln. Alles ist hier wie in einer Puppenstube herausgeputzt. Nach fünf Tagen verließ ich mit „Else" Singapur in Rich- tung Johor-Bahru, wo ich wieder bei „meiner Familie" übers Wochenende bleiben konnte. Am Freitag werteten wir meinen Singapurtrip aus und Samstag hatte ich zwei Ter- mine bei einer Zeitung. Der erste führte zu einem kurzen Interview in Englisch und zu ein paar Fotos, darin hatte ich inzwischen schon Übung. Wesentlich aufregender wurde mein zweiter Termin. Ich war für 14 Uhr eingeladen in die Radiostation „Best 104" für ein Live-Interview. Da ja meine Englischsprachkunst nicht so gut ist, hatte ich ein bisschen Lampenfieber. Es war dann aber doch nicht so schlimm.

Montag sollte es eigentlich weitergehen, doch man bestand darauf, dass ich noch wenigstens einen Tag länger bleibe. Ich war schon zu einem richtigen Familienmitglied geworden und musste die Mutter mit „Ma" anreden, darauf bestand sie. Als ich mich dann nach meinem zweiten Wochenende in Johor-Bahru von „meiner" Familie verabschiedete, fiel es mir sehr schwer zu sagen: „It's time to say good bye."

Fast schon zu einem richtigen Familienmitglied wurde ich in Johor-Bahru

Brückenabenteuer

Der letzte Abschnitt in Malaysia lag vor mir und auch die „Endstation" Penang, eine Insel im Norden Malaysias. Von der Hauptstadt Penangs, George Town, fuhren etliche Fähren nach Sumatra (Indonesien) - einem guten Ausgangspunkt für meinen letzten Reiseabschnitt in Asien. Ich fuhr auf der alten Hauptstraße, die sich an der Westküste entlangschlängelt; die neue Straße ähnelte wieder mal einer Autobahn in Deutschland, nur dass man sie auch mit dem Fahrrad benutzen darf. Obwohl so eine tolle Straße verlockend für jeden Fahrer ist, flüchtete ich mich, so oft es ging, auf kleine Nebenstraßen, denn ich wollte ja Land und Leute kennen lernen.

Zwischen dem Leben auf dem Land und dem in den großen Städten gibt es einen gewaltigen Unterschied. Obwohl ich ab und zu die Annehmlichkeiten einer großen Stadt genieße, war ich viel lieber auf den Straßen unterwegs, die durch die Natur und durch kleine Siedlungen führen. Dort gab es so viele interessante Dinge zu sehen - vor allem die kleinen Begebenheiten sind es, die man als Tourist mit Auto, Bahn und Bus oft nicht sieht. Dann sind da noch die Gespräche und netten Gesten mit den Einheimischen.

Mein erstes Ziel auf der etwa 800 Kilometer langen Strecke zur Insel Penang war das zwei Tagesreisen (rund 230 Kilometer) entfernte Melaka, eine historische Stadt mit vielen alten Bauwerken, die Zeitzeugen einer wechselvollen Geschichte sind. Hier machten sich die ehemaligen portugiesischen, spanischen und englischen Kolonialmächte das Land streitig. Es hat Kämpfe gegeben um die Kontrolle der Melaka-Straße, den Seeweg zwischen Sumatra und Malaysia. In Melaka kann man alte Ruinen von Schutzwällen und Kirchen sowie interessante Museen zur Geschichte des Ortes sehen. Meine Reise mit „Else" ging weiter in Richtung Kuala Lumpur, der Hauptstadt Malaysias. Hier gibt es nicht allzu viel zu entdecken. Ein alter Sultanspalast und der moderne „Twin Tower", der mit seinen 480 Metern zur Zeit der höchste der Welt sein soll, zogen mich an. An den beiden riesigen Türmen ist alles von Sicherheitskräften bewacht, so dass ich schon Schwierigkeiten hatte, „Else" vor der Tür abzustellen. Im unteren Teil des Gebäudes ist ein luxuriöses Einkaufszentrum untergebracht, zu dem man nur angekündigten Zugang hat.

Da ich nicht plante, hier zu shoppen und auch nicht zu übernachten, fuhr ich gegen Abend wieder aus der Stadt hinaus, die übrigens einen sehr modernen und sehr sauberen Eindruck bei mir hinterlassen hat. Weiter ging es über kleine Nebenstraßen durch Ölpalmenhaine und Dschungel vorbei an kleinen Hügeln und Dörfern bis Penang, das heißt bis zur Brücke, die das Festland mit der Insel verbindet. Und da kam es dann ganz dick für mich: Vor der Auffahrt zur Brücke gab es eine Mautstelle, an der für jedes motorisierte Fahrzeug ein Entgelt zu entrichten ist. Als ich mit meinem Fahrrad an der Reihe war, wurde mir gesagt, dass ich mit dem Rad die Brücke nicht passieren dürfte, ich müsste zurück und von Butterworth aus mit der Fähre übersetzen. Ich fand das sehr unfair und außerdem plagte mich schon seit Tagen eine starke Erkältung mit etwas Fieber, so dass ich so schnell wie möglich nach Penang kommen wollte, um mir ein ruhiges Plätzchen zu suchen, wo ich mich auskurieren konnte. Ich nahm meinen ganzen Mut zusammen, trug „Else" über die Absperrung und fuhr wie ein Gejagter los, in der Hoffnung, nicht von der Polizei verfolgt zu werden. Da die Brücke ein paar Kilometer lang war, bangte ich ganz schön lange. Ich hatte Glück und auch die Autofahrer störten sich nicht am Anblick eines wild gewordenen Radfahrers während der Brückenüberquerung. Endlich angekommen, musste ich feststellen, dass es nicht die Insel meiner Träume war, es gab viel zu viel Verkehr. Die Hauptstadt George Town selbst ist eine große, mit Hochhäusern durchsetzte Stadt. Ich musste noch etwa 20 Kilometer an der Nordküste entlangradeln, um endlich in einem relativ ruhigen Dorf ein kleines Gästehaus, das von einer indischen Familie betreut wurde, zu finden. Hier wohnte ich 14 Tage für wenig Geld in familiärer Atmosphäre. Die schöne „Bleibe" hieß Ramas Guest House, benannt nach dem Familienoberhaupt. Hier hatte ich Zeit und Ruhe, um mich auf mein nächstes Ziel, Sumatra, einzustellen. Die Vorbereitung bestand darin, mein Fahrrad noch einmal durchzusehen, mir Informationen zu beschaffen, mein Fährticket zu kaufen, mich auszuruhen und etwas „Speck" anzusetzen, denn in Indonesien darf ich nur 60 Tage bleiben und es sind in dieser Zeit 5000 Kilometer zu bewältigen, die durch die manchmal schlechten Straßen und vielen Vulkane ziemlich anstrengend werden würden. Hier im Haus lebte noch ein ca. 60 Jahre altes Ehepaar aus Adelaide in Australien; da werde ich auch bald sein. Das Paar wohnte schon einige Wochen hier und war viel durch Asien gereist. So bekam ich viele Informationen über meine nächsten Reiseziele.

Von der Fähre aus sah ich noch einmal die Brücke nach Penang

Äquator

Am 5. Juli war es dann so weit. Mit einer Expressfähre, die nur so über die Wellen jagte, ging es nach Medan, einer großen Stadt im Norden von Sumatra. Einige Leute hatten mich gewarnt vor dem Norden, da dort angeblich wieder Unruhen ausgebrochen sein sollten. Ich bekam jedoch davon nichts zu spüren. Zunächst fuhr ich auf einer flachen Straße, die immer mehr anstieg und dann rund 60 Kilometer bergan führte zum riesigen Toba-See - einem alten Krater. Gigantisch, was doch die Natur für Wunder vollbringt!

Die erste Etappe auf Sumatra (insgesamt waren es ca. 2000 km) kurbelte ich durch riesige Vulkanmassive, durch Dschungel, vorbei an Palmen, Reisfeldern und kleinen Dörfern mit freundlichen Menschen. Teilweise betrugen die Höhen über 1000 Meter.

Auf Sumatra feierte ich zwei große Ereignisse. Erstens: Am 7. Juli 1999 vollendete ich 30 000 km mit meiner „Else". Zweitens: Am 10. Juli 1999 überquerte ich den Äquator. Die südliche Hälfte unserer Mutter Erde begrüßte mich mit reichlich Regen, so dass ich teilweise auf meiner „Else" fror.

Nur Stunden später rollte ich in Bukittinggi ein, einer Touristen-Stadt, ungefähr 900 Meter hoch gelegen, mit ihren typischen Häusern und Menschen, die oft noch in ihrer Tracht umhergehen. Überall hört man die Schellen der Pferde, die auf einem einachsigen Anhänger die Menschen zum Markt bringen.

Mein nächster Höhepunkt war ein Kratersee. Hier begegnete ich einem imposanten Hochzeitszug auf der Straße. Das Brautpaar war aufs Prächtigste gekleidet: Goldschmuck und bunte Gewänder zierten die Akteure. Viele Menschen folgten mit Blumen, Opfergaben und Geschenken.

Für mich ging es weiter durch das südliche Sumatra - runter von den Bergen, durch hügelige Landschaft. Mit dem Übernachten hatte ich in Indonesien nie Probleme. Es gab in jedem Dorf ein Haus oder eine Kirche, wo ich für eine Nacht Zuflucht finden konnte.

Nun stand mir die völlig übervölkerte, dreckige, staubige und von chaotischem Verkehr beherrschte Insel Java bevor. Ich fuhr die Nordroute. Da sie relativ flach war, würde mein „Martyrium" nicht allzu lange dauern. Als ich die Hauptstadt Jakarta hinter mir hatte, sah ich aus, als hätte ich Kohlen getragen. Alles war schwarz vom Ruß und Staub der vorbeifahrenden Pkws und Lkws. Zum Glück konnte ich mich auch an diesem Abend waschen. Die „Bäder" bestanden, wie übrigens in fast ganz Asien, aus einem Hockklosett und einem Wasserbecken, aus dem man Wasser zum Spülen und Waschen schöpfen konnte.

Zwei Tagesreisen vor der Fährüberfahrt nach Bali hatte es mich wieder einmal erwischt: Fieber, Durchfall und Brechreiz. Ich nehme an, es kam von schlechtem Wasser, Eis oder irgendwelchen Lebensmitteln. Eine christliche Familie nahm mich für zwei Tage auf und stellte mir ein Zimmer zur Verfügung. Die familiäre Atmosphäre tat mir gut, half mir über die problematische Zeit hinweg, so dass es mir nach zwei Tagen etwas besser ging. Ich war noch schlapp und hatte keinen Appetit, als ich die Räder wieder rollen ließ. Meine letzte Nacht auf Java verbrachte ich mit acht Studenten aus Jakarta, die eine mehrwöchige Radtour unternahmen, in einer Polizeistation. Da sie nicht sehr viel Ahnung von ihren Rädern hatten, schraubte ich den halben Abend an ihren Fahrräder herum und brachte ihre Stahlrösser wieder auf „Vordermann". Die andere Hälfte des Abends wurde dann geschwatzt. Als ich erzählte, welche Strecke ich hinter mir und noch vor mir hatte, lauschten sie fast andächtig und bestaunten mich. Na gut, ich amüsierte mich auch.

Am nächsten Morgen standen wir alle auf einer rostigen Fähre und setzten nach Bali über, dann trennten sich unsere Wege. Ich fuhr an der Nordküste der kleinen Südseeinsel entlang und übernachtete zum wahrscheinlich letzten Mal in einem schönen buddhistischen Tempel. Höhepunkt meines Baliaufenthaltes war für mich die Straße, die über einen 1745 Meter hohen Pass führt. Ich schlief oben in einem Restaurant. Noch vor Sonnenaufgang stand ich wieder auf, um dieses gigantische Schauspiel hier oben in voller Länge zu erleben. Ein gewaltiger Anblick war das, dieses Schauspiel von „Mutter" Natur: Der östliche Himmel färbte sich rot und erleuchtete ein riesiges Vulkanmassiv. Die Morgensonne wurde in ihre Tagesbahn entlassen, der Kratersee Batur glitzerte wie flüssiges Silber. Herrlich, wenn man das genießen kann! Es gibt in diesem Moment nichts Schöneres, was man erleben möchte.

Auf meiner Abfahrt von dort oben zur Fähre nach Lombok bin ich dann fast erfroren. Ich stopfte mir eine Zeitung gegen den Fahrtwind vor die Brust auf der 32 Kilometer langen Abfahrt bei 14 Grad Celsius. Unten angekommen, musste ich mich erst einmal mit einem heißen Tee aufwärmen.

Die nächste im Inselreigen war Lombok, wo ich nur eine, aber dafür sehr eindrucksvolle Nacht erlebte. Es dämmerte, als ich immer noch umherirrte auf der Suche nach einer vor allen Dingen sicheren Bleibe für die hereinbrechende Nacht. Eine kleine Moschee fiel mir ins Auge. Ich schob mein Vehikel an das Gemäuer und wollte gerade meine Schlafutensilien in Stellung bringen, als sich mir eine Gruppe von Menschen näherte. Sie sprachen auf mich ein und gestikulierten mit den Armen in der Luft herum. Ich musste all meine Fantasie zusammennehmen, um herauszufinden, was sie wohl meinten. Ich sollte mit in ihre Hütte kommen, denn hier draußen sei es zu gefährlich für mich. Wir zogen alle in Richtung ihrer Behausung. Ich schob „Else" in ein winziges Hüttlein, in dem viele Menschen sich den engen Raum teilen mussten. Wir, d. h. die männlichen Bewohner, saßen auf einer großen Pritsche, aßen Reis mit Gemüse und tranken Tee. Ich fand mich anschließend in einem winzigen Raum wieder. „Else" stand neben mir. Ich stierte zur Decke, meine Gedanken waren vor Ort: „Solch arme Menschen haben hier noch einen Platz für einen vorbeiziehenden

Fremden, einen Fremden, der auch noch aus einer reichen Welt kommt. Platz ist doch in der kleinsten Hütte. Wenn ich da an meine Heimat denke, wo jeder satt und unzufrieden ist, sich wenig um seinen Nachbarn kümmert und erst recht kaum um einen Fremden..." Meine Augen fielen zu und ich glitt so langsam ins Reich der Träume hinüber.

Ein schöner Morgen bei Reisbauern auf Sumbawa

Ausgeschlafen und immer noch beeindruckt von der Gastfreundschaft startete ich in den schönen Tag, vorbei an einem riesigen, die ganze Insel beherrschenden Vulkan. Die Fähre legte pünktlich ab und nach einer relativ kurzen Überfahrt betrat ich Sumbawa, eine vom Massentourismus wenig frequentierte Insel. Sie soll wohl schon etwas an Australien erinnern, so stand es im Reiseführer. Und tatsächlich war es hier sehr karg.

Ich schlief mehrmals in meiner Hängematte in Hausnähe. Für mich war das Größte, sanft in den Schlaf gewiegt zu werden, mit Blick zu den Sternen, und fast mückenfrei zu liegen und dann am anderen Morgen von der Hängematte aus den Sonnenaufgang zu beobachten.

Genervt

Weiter ging es in Richtung Flores. Nach etwa acht Stunden Fahrt mit einem erbärmlichen und rostigen Fährschiff erreichte ich die Insel so gegen 1.30 Uhr - mitten in der Nacht also. Ich fuhr noch aus der kleinen Stadt bis zu einer Wiese, installierte meine Hängematte zwischen zwei Bäumen und schlief noch ein paar Stunden geruhsam auf meiner neuen Insel - übrigens eine von ca. 13000, die die Republik Indonesien zählt.

Eigentlich wollte ich noch einen Tag an einem Strand pausieren, aber ich habe keinen gefunden. Wenn man die Einheimischen fragt, können diese meistens nur darüber Auskunft geben, was im Umkreis von etwa drei Kilometern liegt. Obwohl ich mir immer die größte Mühe gab, mit Händen und Füßen redete, Skizzen anfertigte - ohne Erfolg. Das sind so die alltäglichen Probleme, mit denen „Else" und ich uns herumschlagen mussten.

Auf Flores war es übrigens auch ganz schlimm mit den Kindern; entdeckte mich eines, wurde ganz laut „Tourist" gerufen und sofort waren alle Kinder des Dorfes hinter mir her, zogen an meinem Gepäck und verfolgten mich. Es flogen zum Glück keine Steine. Also habe ich wieder zu meinem wirkungsvollen Mittel gegriffen, dem Bambusstock, den ich für alle Fälle an meinem Gepäck befestigt hatte. Ein Vorzeigen genügte und alle Knirpse verzogen sich.

Die Insel Flores besteht ausschließlich aus Bergen, es gibt keine flache Stelle. Entweder ging es bergauf oder ich kam bei den Abfahrten, wegen der Kurven, aus dem Bremsen nicht heraus. Die Berge sind oft so steil, dass ich über viele Kilometer schieben musste. Dafür wurde ich aber immer wieder mit schönen Aussichten belohnt. Besonders der Westen der Insel ist ein tropisches Paradies: Palmen, Bananenbäume, Reisterrassen, dazwischen die kleine Straße, die wie eine Schlange in der Landschaft liegt. Flores Einwohner sind sehr christlich, viele sind katholisch. Es gibt in jedem Dorf eine Kirche, wenn auch oft nur aus einem Dach bestehend. Als Glocke dient manchmal eine alte Autofelge oder eine vom Sprengstoff befreite Granate. Die Menschen sind sehr, sehr gastfreundlich. Oft bekam ich ein Zimmer in der Kirche. Das Essen bestand immer aus Reis, Fleisch und Gemüse. Mein Ziel in Flores war die Hauptstadt Endeh. Nicht nur der Name war das Ende - allerdings mit „h". Meine Strampelei in Asien fand hier auch ihr Ende (ohne „h").

Einmal wöchentlich setzte eine Fähre nach Kupang (West-Timor) über. Die Überfahrt war ein kleines Abenteuer, das schon damit begann, dass die Fähre wegen der stürmischen See über eine Stunde zum Anlegen benötigte. Als dies geschafft war, stürmten die Menschen völlig unkontrolliert mit ihrer asiatischen Hektik, beladen mit Paketen, Hühnern, Ziegen und vielem anderen, das Schiff. Es war amüsant und ich konnte mir ein Lachen nicht verkneifen.

Dabei wartete ich den ganzen Trubel ab und bestieg dann in aller Ruhe mit „Else" das Fährschiff, wenn man eine solche „Rostlaube" überhaupt als Fährschiff bezeichnen kann. Für die meisten Passagiere gab es keinen Sitzplatz. Fast alle hockten auf dem Unterdeck. Die Ziegen standen verängstigt in der Ecke, Hühner gackerten. Es wurde gegessen, Gitarre gespielt und gesungen - alles auf dem Fußboden des Unterdecks. Das muss man einfach erlebt haben. Ich beobachtete das Spektakel. Vier Stunden später legte die Fähre endlich ab, aber daran störte sich niemand.

Auch ich habe mich in den Monaten daran gewöhnt, geduldig zu warten. Die Fähre brauchte ungefähr 16 Stunden, sie schaukelte extrem und ab und zu kam ein Schwapp Meerwasser durch die undichten Ladeklappen. Aber sonst war alles in indonesischer Ordnung. Als es auf die Nacht zuging, spannte ich meine Hängematte auf. Alles lachte zuerst, aber dann beneidete man mich wohl doch, als ich trocken über den Salzpfützen schaukelte.

In Kupang fand ich ein wunderbares Gästehaus. Ich hatte noch 14 Tage Zeit bis zu meinem Flug nach Australien, gerade lange genug, um mein Fahrrad zu überholen und die letzten Tage in Asien zu genießen. Ein Problem war allerdings noch zu lösen: Ich hatte bei der indonesischen Fluggesellschaft ein Flugticket erworben für nur 20 kg Freigepäck. Jedes weitere Kilogramm musste mit acht Dollar extra bezahlt werden. Da meine „Else" voll beladen 60 kg auf die Waage brachte, hätte mich der offizielle Weg arm gemacht.

Es waren noch ein paar Tage Zeit und ich ging zum Gouverneur von West-Timor in Kupang. Nach langem Warten konnte ich seinen Assistenten sprechen, der sogar etwas Deutsch sprach und mir half. Dank seiner Freunde durfte ich das Gepäck umsonst mitnehmen. Mir fiel ein Stein vom Herzen. Nun bekam ich ein wenig Lampenfieber, denn nur noch wenige Tage lagen vor mir, bis ich den Kontinent erreichte, der mein Ziel - Sydney - „beherbergt".

Ein Kettenrad nach 34000 km

„Abspann"

Endlich, das tagelange Warten war vorbei. Vorbei waren aber auch viele Monde, die ich in Asien verbrachte. Vierzehn Tage an einer Stelle, das war entspannend, aber es kribbelte wieder oder - wie mein Opa zu sagen pflegte: „Nach einer Weile bekommt man „Hummeln im Hintern"." Etwas zugenommen hatte ich auch mal wieder, verbrachte ich doch so manche Stunde in der Hängematte, die ich vor meinem kleinen Bungalow aufgespannt hatte. Die günstige Miete von ein, zwei Mark in dieser Stadt auf Timor erlaubte es mir, meinen Tagesrhythmus mit Dösen, Lesen und Essen zu genießen. Hier herrschte relative Ruhe, aber schon 300 km weiter, im Osten Timors, fing es an zu „brodeln". In diesem scheinbar ewigen Unruheherd waren diesmal Wahlen zur Unabhängigkeit der Auslöser von Gewalt und Übergriffen.

Auch die ständigen Sorgen um „Else" und das von ihr zu tragende Übergewicht hatten ein Ende. So um die 250 DM extra sollte ich für sie bezahlen. Dabei war der Flugpreis schon unverschämt teuer. Seit der Asienkrise geht es hier wirtschaftlich bergab. Nur noch eine Fluglinie steuert die Hauptstadt des Northern Territory in „Down under" an, die Preise haben sich verdoppelt und Zugeständnisse - ganz zu schweigen von Verständnis für Reisende - gibt es auch keine. Ich kam mir mal wieder wie eine zu melkende Kuh vor. Freundliche Hilfe in meiner Situation bekam ich vom Gouverneur Westtimors und von Herrn Dauselt, einem alteingesessenen deutschen Entwicklungshelfer mit indonesischer Frau. Gewusst wie, konnten wir gemeinsam die bürokratischen Hürden umgehen.

So radelte ich nun gegen Mittag meine letzten Kilometer auf asiatischem Territorium in Richtung Flugplatz. Kurz nach 12 Uhr hob die kleine, halb besetzte Maschine ab.

Australien

Nach so viel Wasser sah ich endlich Land unter mir, das musste *Arnhemland* sein. Das bekannte Kribbeln im Bauch stellte sich ein. Eine Stunde und 20 Minuten hatte der Wechsel zum nächsten Kontinent gedauert. Raus aus der Maschine, rein in die klimatisierte Flughafenhalle, den Pass rausgeholt - Vorfreude auf das Kommende. Und dann das misstrauische Gesicht des Uniformierten. Der Stempel neben dem australischen Visum genehmigte mir sechs Monate Aufenthalt. Aufregend wurde es kurze Zeit später im Zimmer der Zöllner. „Else" und mein Gepäck standen auf einem Wagen. Fragen über Fragen nach Früchten, Samen, Pflanzenteilen wurden gestellt, jemand entdeckte ein kleines Stück Bananenblatt, das sofort entfernt wurde. Jetzt kam meine treue Begleiterin an die Reihe. Ich musste mein Rad aus dem liebevoll präparierten Karton hervorhieven. Peinlich genau wurde nach Schmutzpartikeln gesucht. Die Angst vor Seuchen und Krankheiten - meine Vermutung bestätigte sich. Aufgefallen war es mir schon im Flieger, als auf halber Strecke die Stewardessen den gesamten Passagierraum mit Spraydosen desinfizierten. Gut, dass ich meine Hausaufgaben gründlich gemacht und „Else" noch in Kupang ausgiebig geputzt hatte.

Den Lenker gedreht, Pedalen befestigt, Luft auf die Schläuche, Gepäck verstaut - fertig, los. Ein neuer Abschnitt konnte beginnen im Reigen der Kontinente. Dieser empfing mich mit 38°C; Darwin im Winter.

Mit seinen 80 000 Menschen war Darwin also die Hauptstadt des Northern Territory. Ich rollte auf perfektem Asphalt in die Stadt. Das Leben hier erschien mir ruhig und relaxed. Vorbei war die asiatische Hektik. Leute sprachen mich an oder grinsten mich und „Else" spontan beim Vorbeifahren an. Was für ein Land war das? Das Leben jedenfalls war organisiert, die Preise im Supermarkt ausgeschildert. Die westliche Zivilisation hatte mich wieder, vorbei war das tägliche Handeln und Feilschen um Tee oder Reis.

Eigentlich schade, denn die „normalen" Preise waren - gerade hier oben - um ein Vielfaches höher als auf dem letzten Kontinent. Aber, was soll's, so hieß die Devise eben: sparen.

Ein durstiger Bulle im heißen Outback

Die heiße australische Sonne senkte sich langsam am westlichen Himmel und der Abend brach an. Ich zog mein schon etwas zerfleddertes Adressbuch aus der Lenkertasche. Da musste doch irgendwo die Adresse sein, die ich irgendwann mal von einem jungen rastazöpfigen Australier bekommen hatte. Der meinte nämlich, wenn ich mal nach Darwin käme, solle ich mich beim „Happy"-Haus melden. Also, ab ging die Fuhre. „Guten Tag, ich bin Thomas aus Deutschland", stammelte ich mit meinen paar Brocken Englisch, „ich bin mit meinem Rad auf Welttournee." Ohne viel Aufhebens wurde ich in diese „verrückte" Hippie - Kommune aufgenommen.

Heiß

Fünf Tage reichten vollends, um in Darwin ein paar kleine Wurzeln zu schlagen. Mir fiel es schwer, sie auszureißen, als ich an einem frühen Morgen die Stadt verließ und das Abenteuer Australien beginnen konnte. *Steward* Highway hieß die gut ausgebaute Straße, die den Kontinent längs in zwei Hälften teilt. Katherine, Tennant Creek, Alice Springs, Coober Pedy und schließlich Port Augusta - das waren schon alle nennenswerten Orte auf diesen etwa 2500 Kilometern. Mein erstes Ziel, Katherine, sollte Ausgangspunkt werden, um in östlicher Richtung zu den Kimberleys zu radeln. „Else" war mit Lebensmitteln und 12 Litern Wasser wieder mal reichlich beladen. Zum Glück ist es hier oben flach, so dass sich die Probleme auf Einsamkeit und Hitze beschränkten. Besonders die Hitze machte mir zu schaffen. Das kleine Thermometer an meiner Tasche zeigte 40°C im Schatten. Das erforderte besondere Kondition und langsam, ganz langsam schlich ich mit „Else" durch die Mittagsglut, vorbei an Eukalyptusbäumen und Termitenhügeln. Mitten im Nichts, etwas abseits der Straße entdeckte ich etwas Buntes: eine „Oase". Hier musste vor nicht allzu langer Zeit ein „Road Train" umgestürzt sein. Getränke waren seine lädierte Fracht. Nachdem ich „Else" am Wegrand abgestellt hatte, stürzte ich mich den Abhang hinunter, begutachtete die vielen Flaschen und Kartons und kam mir beschenkt vor. Die Fruchtsäfte waren zwar warm, aber lecker. Ich trank, so viel ich konnte, füllte noch vier Liter in meinen Wassersack und setzte frischen Mutes meine Fahrt fort.

Das kleine „Nest" Katherine war nach knapp drei Tagen erreicht. Vor einem großen Supermarkt füllte ich meine Packtaschen auf, die Reise konnte weitergehen. Hier in Katherine zweigt der Victoria Highway in Richtung Osten ab. Und das war meine Richtung. Mich erwarteten 500 fast menschenleere Kilometer bis Kununurra, dem nächsten Supermarkt. Und kein Anflug von Kühle! Unveränderte 40°C und wenige Wasserstellen. Im Nu war ich verschwitzt und eingestaubt. Hier oben gab es einige Flüsse. So gern ich mich in die Fluten gestürzt hätte, es wäre vielleicht mein letztes Bad gewesen: Krokodile! Diese Riesenechsen können hier oben in jedem Gewässer lauern. Also war wieder mal viel Selbstdisziplin von Nöten.

Unterwegs im Northern Territory

Kimberleys

Es gibt zwei Wege zur Westküste: den gut asphaltierten Great Northern Highway (Nr.1) oder - da wäre noch die so genannte Gibb River Road, eine staubige, steinige Angelegenheit quer durch die Kimberleys. „Die ist unmöglich mit dem Fahrrad zu schaffen", hörte ich immer wieder aus vielen australischen Mündern. Aber ich nahm trotzdem die Herausforderung an und bog eines schönen und heißen Nachmittags vom Highway ab. Jetzt radelte ich also auf der berühmt-berüchtigten Gibb River Road hinein in ein staubiges Abenteuer. Es fing gleich gut an mit dem kurzgewellten Untergrund, der unweigerlich an Omas Waschbrett erinnert - ein kleines Andenken an schwere Trucks und schnelle Jeeps. So kämpfte ich mit „Straßenbelag" und Hitze, als ein Pick-up (ein kleiner offner Pritschenwagen) hielt. Der Staubwolke entstiegen zwei Menschen, ein schmutziger, verschwitzter Cowboy mit australischem Hut, und ein zierliches Girl, das fast nichts anhatte. „Was machst du denn hier mit dem Fahrrad? Bist du verrückt?", hallte es mir entgegen, eine Alkoholfahne kam gratis mit. „Willst du nicht dein Rad aufladen?" Das „Nein" fiel mir nicht schwer, ich erntete ein ungläubiges Kopfschütteln. „Willst du vielleicht ein kühles Bier?", kam als nächste Frage. Die bejahende Antwort beruhigte den Cowboy. So schnell, wie das Bier durch meine Kehle rann, war das Auto in einer Staubwolke verschwunden.

Der Abend brach herein, die Sonne schien hinter den Horizont zu „plumpsen". Und wenn sie erst einmal verschwunden ist, wird es schlagartig dunkel, als hätte jemand das Licht ausgeknipst. Mir blieb also nicht viel Zeit. Ich musste schleunigst ein Nachtlager suchen. Plötzlich hörte ich gleichmäßigen Motorenlärm. Beim Näherradeln entdeckte ich mehrere Fahrzeuge, die um ein Feuer gestellt waren. Ich fragte, ob ich für diese Nacht bleiben durfte. „Sicher kannst du", antwortete eine korpulente Frau. Dann erkannte ich meinen Cowboy. Er lag betrunken auf der Ladefläche eines

Autos und schnarchte seinen Rausch aus. Auf meine Frage, wozu das Notstromaggregat läuft, bekam ich zur Antwort: „Wir feiern heute Geburtstag und müssen das Bier kühlen." - „Eigentlich verrückt, so mitten im Busch", dachte ich mir. Die „*Oassis*" kommen nie ohne ihre Dose Bier aus, selbst wenn es manchmal scheußlich schmeckt. Aber an diesem Abend war es mir egal, ich feierte mit, trank auch reichlich und schlief wie ein Murmeltier auf meinem Lager unter einem Eukalyptusbaum.

Am nächsten Tag kämpfte ich mich weiter vorwärts, immer Richtung Westen, auf dieser staubigen, steinigen Straße, die sich wieder mal wie eine Schlange durch die Wildnis zieht. Ab und zu kam ein Allrad Toyota vorbei, voller Abenteuer-touristen - meist Japaner oder Deutsche. Erstaunt und ver-ständnislos starrten mich die Leute aus ihren klimatisierten Fahrzeugen an, nicht selten klickten Kameras und Blitze zuckten. Ich kam mir wie ein kleines grünes Männchen vom Mars vor. Oder hatte ich ihnen die Show gestohlen? Beim Weiterfahren hinterließen sie jedenfalls eine riesige Staubwolke, die lange in der Luft stehen blieb, mir auch deshalb zum Zähneknirschen verhalf.

Wieder mal war ein „Arbeitstag" geschafft. Heute hatte ich 80 km erradelt, keine schlechte Leistung - lobte ich mich selber. Stundenlange Schinderei lag hinter mir. Davon viele Kilometer schiebenderweise, da tiefer Sand jeden Pedaltritt verhinderte. Ich freute mich auf den gemütlicheren Teil des Tages. Ein stiller, friedlicher Platz zwischen Eukalyptus-bäumen wird sich doch finden lassen. Auch auf eine Mahl-zeit freute ich mich, auf mein Tagebuch und einen Blick zu den Sternen, die hier wie Millionen Diamanten auf dunk-lem Samt schimmern.

Es wurde schon dämmrig, als ich in ca. 2 km Entfernung auf einem Hügel einen breiten Feuerschein entdeckte. Busch-feuer! Das hatte mir gerade noch gefehlt. Zum Glück war es heute Abend windstill. Das Feuer schien nur langsam näher zu kommen. Jetzt war guter Rat teuer. Ich schaute mich um und entdeckte ein paar Kilometer weiter eine Fläche, auf der es vor kurzem gefackelt haben musste. Alles war abgebrannt, angekohlte Stämme ragten gespenstisch in den Himmel, der Boden war voller Asche. Nicht sehr einladend, aber Sicherheit geht vor. Die Hängematte schnell an zwei Baumresten befestigt und Spaghettis gekocht - dann hatte mich die stille Natur wieder, die Sterne funkelten wie gewünscht, ich schlief schaukelnd ein.

Neun Tage Staub, neun Tage Hitze, neun Tage Natur pur. 60 km vor Derby: Asphalt. Geschafft! Schnellen Ganges erreichte ich Broome. Ein paar Tage Pause, eine Dusche, Strand, Meer und Post von zu Hause warteten auf mich - die Zivilisation hatte mich wieder.

Ein kühles Dosenbier bekam ich auf der Gibb River Road

Westen

Eine der an wenigsten besiedelten Ecken der Erde, die ich je durchradelt bin, das war hier der Westen des roten Kontinents. Western Australia heißt hier der größte Staat. 1,3 Millionen Menschen leben in Perth, der Hauptstadt, und 400tausend verteilen sich auf das riesige Land, in das Deutschland 7 Mal hineinpassen würde. Alle halbe Stunde mal ein Auto, Hunderte von Kilometern kein Haus, baumlose Abschnitte und sehr, sehr wenig Wasser - das macht einsam und verlangt von einem Radler vor allem Geduld und Ausdauer. Im Nordwesten war es am schlimmsten, hier gab es die längsten wasserlosen Abschnitte meiner Tour - 291 km nichts!

Die Straße flimmerte bis zum Horizont. Am Roebuck Roadhouse konnte ich alle meine Wassergefäße auffüllen: auf dem Vorderrad-Gepäckträger einen sechs Liter Wassertank, im Rahmen zwei Liter in zwei Flaschen und hinten auf dem riesigen Gepäcksack thronte noch ein vier Liter Wassersack. Zwölf Liter - das reicht auf keinen Fall zwei Tage - die brauchte ich aber bis zum 291 km entfernten Sandfire Flat Roadhouse, wenn alles gut geht. Bei dieser Hitze war der Vorrat sicher an einem Tag aufgebraucht. Das bedeutete, mindestens einmal müsste ich nachtanken. Es soll auf manchen Rastplätzen Wassertanks geben, die aber nicht voll sein müssen, so sagte man mir. Ich fuhr trotzdem los. Was sollte ich sonst machen? Ich hoffte auf Reisende, die diese Haupttrasse benutzen, um die Great Sandy Dessert (Große Sandwüste) zu passieren.

Ich versuchte mir das warme Nass so gut wie möglich einzuteilen. Der trockene Wind, der wie aus einem Fön kam, ließ den Schweiß gar nicht erst perlen. Nur am angetrockneten Salz auf den Armen und im Gesicht bemerkte ich, dass meinem Körper die Hitze zu schaffen machte.

Die Beine arbeiteten automatisch, der Gedanke an grünere Orte mit mehr Abwechslung ließ mich fluchen. Gut, dass mich niemand hören konnte. Auf der zur Ewigkeit werdenden Strecke mit ihren trostlosen, vertrockneten Büschen der Wüstenlandschaft könnte man durchdrehen. Da halfen nur ausgedehnte Selbstgespräche, zumal es mir langsam mulmig wurde. Der Gedanke, ohne Wasser zu sein, flößte mir Angst ein. Ich musste laut lachen, als mir gerade jetzt ein Gespräch einfiel, dass ich mit einigen jüngeren Freunden vor der Fahrt hatte. Wir unterhielten uns über alles Mögliche, als mir ein Mädchen eine sicher für sie sehr wichtige Frage stellte: „Thomas, wie wirst du das unterwegs mit dem Waschen machen?" Was für ein Problem!

Ich musste schon Stunden gefahren sein, als ein Schild einen Rastplatz anzeigte. Noch fünf Kilometer. Runter von der Straße und den Platz angepeilt! Ein paar Eukalyptusbäume, Grillplatz, aber - kein Tank zu sehen, der Wasser enthalten könnte. Völlig enttäuscht radelte ich sofort weiter in Richtung Straße, als ich einen einsamen Wohnwagen, angehängt an ein Auto, bemerkte. Ich musste es wagen, denn das Risiko, völlig ohne Wasser weiterzuradeln, war groß. Ich schob „Else" vor den Wohnwagen. Eine schmale Tür ging auf und vier überraschte Augen eines älteren Paares staunten uns an. Meine Erklärung „Ich fahre mit dem Fahrrad durch Australien und wollte fragen, ob ich ein bisschen Wasser bekommen könnte" ließ den Mann zum Wasserbehälter stürzen. Er füllte mir Sack und Flaschen auf. Freudestrahlend wurde mir noch eine eiskalte Dose Cola überreicht. Wie eine Trophäe zog ich den Verschluss auf und leerte das Getränk in einem Zug.

Perth

Die ersten Kornfelder tauchten auf. So kurz vor Geraldton wurden die Tage etwas kühler - kein Wunder, wir hatten schließlich schon Mitte Oktober und damit Frühling in „down under". Das verrieten auch die vielen kleinen, unscheinbaren Wüstenblumen, die ich jetzt jeden Tag bestaunen konnte. Wieder einmal war ich dankbar, langsam unterwegs zu sein und auch die „unbedeutenden" Dinge am Wegesrand wahrzunehmen, die die Insassen eines dahinrasenden Autos nicht sehen.

Ein Abstecher zu den Pinachels, diesen kleinen felsigen Nadeln, die einfach so aus einer Miniwüste zu Hunderten aus dem Sand ragten, lag hinter mir. Ebenfalls einen Umweg wert war die Klostergemeinde New Norcia, in der heute noch Benediktiner - Mönche nach ihrem Glauben leben und arbeiten.

Doch dann sah ich besondere Exemplare der Zivilisation, die ich schon Monate nicht mehr gesehen hatte - Hochhäuser. Meinen Augen entwöhnt, waren in der Ferne doch tatsächlich Wolkenkratzer zu sehen. Das konnte nur Perth sein, denn dieser Ort war im Umkreis von mehreren tausend Kilometern die einzige Großstadt hier unten. Der Verkehr wurde dichter, schnell war ich in der Innenstadt. Es war gar nicht so aufregend wie erwartet. Wichtigste Aufgabe für mich: Ersatzteile für „Else" organisieren. Da der Nachmittag schon weit fortgeschritten war, musste ich mir Gedanken über eine Bleibe für die Nacht machen. Da war doch im ausgefledderten Adressbuch irgendwo die Anschrift von Erich, einem gebürtigen Österreicher. Meine Erinnerung trog nicht, aber im Buch stand Fremantle. Gott sei Dank, die Stadt lag nur 20 km entfernt. Telefon gesucht und erst mal angerufen! Ein Toni meldete sich in gebrochenem Englisch und einem lustigen „orientalischen" Akzent. Erich sei nicht da, er ist wieder mal auf Reisen, diesmal nach Afrika. „Pech gehabt", dachte ich, „einen Versuch war es trotzdem wert." Etwas widerwillig sagte Toni: „Oh, für eine

Nacht kannst du Erichs Zimmer benutzen. Geschafft! Also, auf nach Fremantle. Durch den üblichen Vorstadtdschungel nach der Adresse gesucht, stand ich bald vorm Haus. Toni entpuppte sich als langhaariger Indonesier. Er und zwei australische Mädels luden mich zum Tee ein und bald merkten wir, dass wir uns gut verstehen. Ich verschwand noch mal in Richtung Supermarkt, versorgte mich mit einem ganzen Tetrapack Rotwein und der Abend wurde entsprechend gemütlich. Dass wir uns sympathisch waren, äußerte sich in der Einladung Tonis, doch so lange zu bleiben, wie ich wolle. Wieder so ein Platz zum „Versacken", ging es mir durch den Kopf. Die Zeit verflog, ich begann mich heimisch zu fühlen. Als ich eines Tages mein E-Mail-Nachrichten durchstöberte, stieß ich auf Post von meiner Familie. Die öffnete ich zuerst: „Thomas, vom 1.-7.12. sind Herr und Frau Krause aus Wolfen bei Harry Erxleben in Adelaide zu Besuch. Sie würden sich freuen, dich zu sehen. Gruß Mutti" Ich hob mein linkes Handgelenk, schaute auf die Uhr. Heute war der 31.10. Einen Monat Zeit und über 3000 Kilometer! Jetzt erwachte ich wie aus einem Rausch. Die Bequemlichkeit hatte mich verführt, eine Woche war ich schon in dieser sympathischen Stadt hängen geblieben. Das Signal zum Aufbruch war deutlich, es warteten 3000 km entfernt nicht nur Freunde, sondern auch Ersatzteile, Reiseführer und Post von Bekannten aus aller Welt auf mich. Anfang 1998 wurde mir die Adresse von den Krauses in Adelaide vermittelt, denn Harry war der Bruder, der in den 50ern nach Down under ausgewandert war. Bei ihm hatte ich mir sozusagen meine australische Basis eingerichtet. Nur zwei Stunden später stand ich mit gepacktem Rad vorm Haus, bedankte mich bei den dreien, die meine plötzliche Unruhe nur schwer nachvollziehen konnten. Ich war wieder zurück auf der Straße.

Südwesten

Wave Rock (Wellenfelsen), eine eigenartig aussehende Fels-
formation, die ihrem Namen alle Ehre macht und an eine
riesige Ozeanwelle erinnert, lag hinter mir. Weiter ging es
mal wieder ohne Straßenbelag, diesmal in Richtung Kalgoorlie. An die Buschfliegenplage werde ich mich wohl nie
gewöhnen, wollten mir die Winzlinge doch in Nase, Ohren
und Mund kriechen. Ich versuchte, mich auf die staubige
Piste zu konzentrieren. Ging nicht. Diese Biester raubten
mir schier den Verstand. Es blieb mir gar nichts andres übrig, als anzuhalten und das Fliegennetz herauszuholen.
Trotz dieser „Behinderung" war das Weiterradeln eine
Wohltat. Das grüne Netz hing über dem Helm und schuf
eine unüberwindbare Barriere für die mich umsummenden
Fliegen. Nur die schnelle Frequenz des Flügelschlags war
zu hören, wenn sie versuchten, auf meinem Gesicht zu
landen. Unweigerlich dachte ich an den Witz: Wie grüßt ein
Australier im Outback? Er wedelt mit der rechten Hand
vorm Gesicht hin und her und sagt: How it's going mate?
(Wie geht es, Kumpel?)
Aber schon am nächsten Tag war ich wieder mit beiden
Reifen auf dem geliebten Asphalt und erreichte auch bald
die alte Goldgräberstadt Kalgoorlie. Sie ist durch reiche
Goldvorkommen berühmt und den sogenannten Goldrausch groß geworden. Wie viel Abenteuerlust beseelte damals die Goldschürfer, verfügt dieser Ort doch über kein
eigenes Wasser. Es wurde mit Kamelen transportiert und
war oft teurer als das gelbe Edelmetall. Heute kommt das
Trinkwasser durch dicke Rohre aus Perth und hat eine viele
hundert Kilometer lange Reise hinter sich, bis man das
kostbare Nass genießen kann. Nach Staub und Strapazen
der letzten Tage gönnte ich mir hier einen Tag Ruhepause
und schlug meinen kleinen grünen Wigwam auf dem örtlichen Campingplatz auf. Auch hier traf ich mal wieder einen
Radler, der mit seinem Drahtesel ein paar Monate durch
diese Gegend fuhr. Gemeinsam schlenderten wir durch die

Stadt, dabei tauschten wir unsere Erfahrungen aus. Am Abend „dinnierten" wir festlich vor unseren Zelten. Er wollte noch bleiben und ich musste weiter. Schade, also zog ich wieder mal allein los, denn ich hatte ja einen Termin in Adelaide mit Familie Krause aus der Heimat und ich war gespannt auf die viele Post, die auf mich wartete. Außerdem stand mir noch eine harte Prüfung bevor: die lange Straße von Norseman nach Ceduna. Mit ihren 1250 km Länge ist diese einsame Straße durch den Süden Australiens ein harter „Brocken" für jeden Fahrrad-Touristen.

In Norseman füllte ich alle Wasservorräte auf. Einen Blick zum Himmel schickte ich mit der Bitte: Lass es nicht so heiß werden! Und los ging's. Mit Tagesetappen von über 130 km kämpfte ich mich schnell vorwärts. Obwohl schon Mitte November, wurde es noch nicht heiß. Dafür kam Regen in Unmengen. Eigenartig. Die Nullarbor Ebene (in der Aboriginalsprache: „ohne Bäume") ist als äußerst trocken bekannt. Diese riesige Fläche, eine Kalksteinplatte, hat etwa die Ausdehnung von Großbritannien.

Nach Tagen einsamer Kurbelarbeit kam ich an ein großes Schild mit der Aufschrift „Eucla". Hier war die Grenze nach South Australia (Südaustralien). Drei, vier Häuser und eine kleine Tankstelle, das war die ganze Ortschaft. Trotzdem gönnte ich mir eine ausgiebige Pause vor dem Agrar-Kontrollpunkt, aß alles Obst und Gemüse auf, da es hier sonst abgeliefert werden müsste. Das Verbot des „Frucht-importes" besteht aus der wohl berechtigten Angst, die gefürchtete Fruchtfliege einzuschleppen. Hier hieß es dann endgültig: Good bye, Westaustralien.

Takeshi

Das konnte doch nicht wahr sein, ein Radler! Ich fuhr auf ihn zu, er freute sich genau so wie ich, einen „Leidensgenossen" zu treffen. So lernte ich Takeshi kennen, einen jungen Japaner. Ich erkannte ihn wieder, hatte ich ihn doch in Kalgoolie schon getroffen, dort allerdings ohne Rad. Wie klein die Welt doch ist. Jetzt hatte ich ihn jedenfalls eingeholt und zu zweit fuhr es sich leichter. Sein gebrochenes Englisch verstand ich ganz gut: „Ich wollen nach Adelaide. Meine erste Radfahrt im Leben. Ich lerne Englisch in Perth und jetzt fertig. Will Abenteuer erleben."

Ganz schön mutig für eine erste Radtour, und das gleich durch diese endlose Einöde! Und sein Fahrrad, ein billiges Vehikel, war ganz bestimmt nicht für solche Gewalttouren gedacht. Auf dem Gepäckträger thronte ein schwarzer 20-Liter-Kanister. „Für Wasser", sagte er mir. Das stimmt, Wasser ist hier ganz wichtig.

Die typischen Warnschilder waren oft die einzige Abwechslung auf der „Geraden" durch die Nullarbor-Ebene

Natürlich fuhren wir gemeinsam von Eucla los, hinein nach Südaustralien. Landschaftlich änderte sich allerdings nichts. Der kniehohe Busch schien kein Ende zu nehmen. Das Asphaltband zog sich, wie so oft, bis zum Horizont. Zum

Glück ist Mutter Erde rund, sonst würde diese endlose Linie bis Adelaide zu sehen sein...

Der Wind blies aus südlicher Richtung, vom Meer, brachte eine kleine Brise. Käme er aus dem Landesinneren, hätte er Backofenqualität. Ab und zu regnete es sogar. Oh, Wunder! Mein neuer Begleiter kämpfte so manchen Tag mit eisernem Willen und gewann gegen Muskelkater und Schwächeanfall. Besonders die langen Etappen von mehr als 150 km machten ihm zu schaffen. Aber er schwieg, wollte sich nichts anmerken lassen. Wenn ich ihn abends fragte: „Na, Takeshi, geschafft?", kam ein kurzes Nicken als Antwort. Doch eines Tages, als er sich das T-Shirt auszog, bemerkte ich eine große Narbe unter seinem Arm. Auf meine Frage: „Was ist das denn?", bekam ich die Antwort wie beiläufig: „Ach so, ich hatte einen Motorradunfall in Japan. Man musste mir Teile eines Lungenflügels entfernen." Dieser Stolz, war das typisch für Japaner oder einfach nur sportlicher Ehrgeiz?

Ein Buschcamp im Süden des Kontinents

Heimatgrüße

Von Port Augusta waren es bis Adelaide „nur" noch 300 km. Der Wind hatte fast Sturmstärke. Am späten Nachmittag starteten wir in Richtung Süden. 80 km glaubten wir noch ohne größere Kraftanstrengung zu schaffen. Als es dämmerte, suchten wir uns einen Platz in Farmhausnähe. Der Wind blies unablässig heiße, trockene Luft aus dem Landesinneren in unsere Gesichter. Die Eukalyptusbäume bogen sich unter dieser Kraft. Ich lag nach diesem Abenteuer in meiner Minihängematte und versuchte einzuschlafen. Es klappte nicht so recht, der Sturm pfiff sein Lied, Blätter und Schmutzteilchen wirbelten umher. Dazu kam ein Kribbeln im Bauch. Bald würde ich Bekannte aus meiner Heimatstadt Wolfen sehen, sozusagen ein lebender Gruß von zu Hause. Komisch, wie man sich nach so vielen Kilometern heimisch in der großen weiten Welt fühlen konnte und wie mich der bloße Gedanke an dieses Treffen eines Besseren belehrte.

Die Hängematte wiegte im Sturm hin und her. Es war noch unerträglich heiß. Ständig ging mein Griff zur Wasserflasche. Irgendwann musste ich aber doch eingenickt sein, der Schlaf forderte sein Recht. In der Morgendämmerung erwachte ich, geweckt von einem Sturm, der immer noch aus dem heißen Norden kam. „Else" war schnell gepackt, so dass die Räder schon bald wieder über den Asphalt rollten. Mit Geschwindigkeiten von bis zu 50 km/Std. schienen wir nach Adelaide zu fliegen. Links von uns zogen sich die Flinders Range (Flinders Berge) entlang der Straße, eine lange Hügelkette, die sich gen Süden schier endlos in den Horizont schob.

Autos und LKWs, auch so genannte Roadtrains (Straßenzüge), überholten uns massenhaft auf dieser Hauptverkehrsader, was das Fahren nicht einfach machte. Plötzlich sah ich rechts von mir riesige Räder, die mich zu berühren schienen. Ein mächtiger Windstoß versetzte mir einen so heftigen Schlag, dass ich die Kontrolle über „Else" verlor. Beide wurden wir wie ein Blatt Papier vom Belag geblasen, rein ins Kiesbett. Wir kullerten weiter, ca. 20 m die steile Böschung abwärts. Ich überschlug mich mehrmals. „Else" flog hinter mir her durch die Luft, eine Packtasche riss ab. Als ich zum Liegen kam, bewegte ich mich vorsichtig, stand auf - alles noch heil - bis auf eine Abschürfung am Bein. Auch „Else" hatte zum Glück nichts weiter abbekommen. Ich lud die Tasche wieder auf, kraxelte die Böschung hinauf, zurück zur Straße. Jetzt merkte ich, dass ich am ganzen Körper flatterte. Ganz langsam setzte ich mich in Bewegung. Mein erster Unfall. War ich froh, dass alles so glimpflich abgelaufen war. Auch Takeshi, der immer noch an meiner Seite radelte, war der Schreck anzumerken.

Die Hauptstadt Südaustraliens zog uns wie ein Magnet an. Ich wusste, dass es für meinen japanischen Freund eine harte Nachricht war, aber ich wollte von der Straße runter und noch am gleichen Tag die Stadt erreichen. Er schluckte und sagte tapfer: „Ich fahre auch Adelaide heute." Er sehnte sich genau wie ich nach ein paar „Gammeltagen", waren doch die letzten Radelwochen nicht gerade ein Zuckerschlecken.

Doch urplötzlich drehte der Wind und blies uns jetzt kalt vom Meer entgegen. Ein Hinweisschild erschreckte uns: noch 110 km! Oh, je, das Ziel vor den Augen und diese Wendung! Wir kämpften gegen Wind und Kälte. Dann kam noch Regen dazu. Egal, nur ankommen! Das war wie festgeschrieben in unseren Köpfen und half uns durchzuhalten.

Es war schon dunkel, als wir uns durch den nassen Abend ins Zentrum dieser Stadt vorarbeiteten. An einer Kreuzung mit einem Fast-Food-Restaurant war es dann so weit. Regen lief uns übers Gesicht, vielleicht war auch eine Träne dabei, wir umarmten uns. Ein harter Moment für uns beide. Wahrscheinlich ist das ständige Abschiednehmen auf Reisen die bitterste Pille. Aber zum „Auf-Wiedersehen"-Sagen gehört auch irgendwann ein „Hallo" und diese Pille ist süß.

Es war inzwischen 23 Uhr, als ich endlich das Haus von Harry erreichte. Alles war dunkel. Ich klingelte trotzdem.

Ein älterer Herr mit weißem Haar öffnete verschlafen die Tür: „Thomas, der Radfahrer aus Wolfen?" - „Ja", war die kurze Antwort, die ich noch schaffte.

Nach einer Megaetappe von 227 km war ich da, in meinem australischen „Basislager". Doch wo waren die Wolfner? Die schliefen ein paar Kilometer weiter, wurden aber von Harry sofort per Telefon über meine Ankunft informiert. Nur wenige Augenblicke später war das kleine Haus voller Leben. Jetzt konnte ich die süße Pille des Reisens genießen: Grüße aus der Heimat, von den Eltern, der Schwester,... wurden bestellt, Briefe und Geschenke überreicht. Schon nach einem Bier klappten mir die Augen zu. Aber morgen ist auch noch ein Tag.

Advent in Adelaide bei 38 Grad Celsius

Naturwunder

Die Tage vergingen wie im Flug in dieser recht angenehmen Atmosphäre. Viele neue Freundschaften entstanden, die Mechaniker der meisten Radläden grüßten mich schon auf der Straße. Ich wurde förmlich herumgereicht, musste meine Geschichte immer und immer wieder erzählen und wurde dabei fürstlich bewirtet mit allen möglichen Köstlichkeiten. Mein Körper war allerdings immer noch auf „Verbrennen" eingestellt. In dieser Standzeit verbrannte er natürlich so gut wie gar nichts. Und so wurde ich zusehends schwerer. 14 Tage waren inzwischen auf diese Art und Weise vergangen, zwei angenehme Wochen. Nun wurde es Zeit aufzubrechen, die „Karawane" setzte sich in Bewegung. Diesmal schlossen sich Andrew und Julien an, zwei junge Männer Anfang der 20er, ziemlich fit. Sie wollten ebenfalls Richtung Melbourne, anschließend über Sydney nach Cairns, weit in den Norden Queenslands, also die Ostküste rauf. Kennen gelernt hatte ich die beiden über einen gebürtigen Schotten, Jonathan, den ich in einem Radladen im Zentrum Adelaides traf.

Es war heiß an diesem Dezembertag und es ging schon langsam auf Weihnachten zu, meinem zweiten Fest an der Straße ohne die übliche Familienfeier, die ich jedes Jahr zu Hause gewohnt war. Aber ehrlich gesagt, vermisste ich es im Moment eigentlich nicht, war doch das Leben „on the road" hochinteressant. Die deutsche Heimat mit ihren Feiern war weit weg und nur nebenbei registrierte ich das sonst wichtige Datum. Nur dass es so heiß war, das war schon ein wenig komisch.

Schweigen war angesagt, denn jetzt ging es hoch über die Adelaide Hills, hinein in unseren ersten gemeinsamen Reisetag. Mein kleines Thermometer, das im Schatten an meiner Lenkertasche baumelte, kletterte auf 40°C. Die Zelte schlugen wir im Busch oder auf Farmgelände auf. Ab und zu gab es eine Dusche oder eine freundliche Einladung für uns drei. Mittlerweile radelten wir - natürlich auf gutem

Asphalt - die Hügel auf und ab, hielten Kurs auf die westlich von Melbourne gelegenen Naturwunder an der Great Ocean Road. Und zwei Tage lang konnten wir sie genießen, diese Felsformationen, riesige, von der Steilküste abgebrochene Fragmente, die dort im salzigen Wasser des Indischen Ozeans auf unsere Entdeckung warteten. Die Namen der Felsen konnten mit etwas Fantasie den Sinnträger erkennen lassen: London Bridge, The Arch, Twelve Apostels. Allerdings ragen von ehemals 12 nur noch zehn dieser Figuren aus dem flachen Wasser, zwei hat die See zerstört und in die Fluten stürzen lassen.

Die Sonne schien hier zwar noch mit australischer Treue, doch blies der Wind kühle Luft in unsere Gesichter. Verflogen war die Hitze der ersten Tage unserer gemeinsamen Reise von Adelaide nach Melbourne. Etwas abseits der Great Ocean Road, auf einem kleinen Rastplatz mitten im Wald ließen wir uns für ein paar Tage nieder. Nur eine Flasche Rotwein und ein gemütliches Kartenspiel erinnerte uns daran, dass die gesamte christliche Welt die Geburt von Jesus Christus feierte. Uns war nicht nach Weihnachtsbaum und Singen zumute. Letzteres übernahmen die gefiederten Waldbewohner für uns.

Zweitausend

Julien und Andrew waren schon „über alle Berge", wollten unbedingt zur Mega - Silvesterparty in die Hauptstadt Victorias, nach Melbourne. Mir war nicht nach so viel Menschen zumute, außerdem waren alle Freunde aus dieser Millionenstadt ausgeflogen. Es gab also in dieser Zeit keinen Platz für mich dort bei der Jahrtausendfeier. Da fiel mir die Adresse einer Fotografin in die Hände, der Zettel rutschte förmlich aus dem Adressbuch. Sandy hatte ich in den Kimberleys getroffen. Ich rief sie an. Sie schien nicht begeistert zu sein, trotzdem sollte ich kommen. Zwei schöne Tage verbrachte ich in dem abgelegenen Haus im Wald, ganz idyllisch mit Teich, Gemüsebeeten und Solarstromanlage.

Oft hieß es eben: „Abwarten und Tee trinken"

Die letzten Tage im alten Jahrtausend. Ich verstand ihren leichten Unmut, als sie mir ihren Plan mitteilte, mit Freunden einige hundert Kilometer entfernt zu feiern; so musste ich noch im alten Jahr umziehen. Also setzte sich die Karawane wieder in Bewegung. Ziel war ein preiswerter Zeltplatz in Daylesford, einer kleinen Stadt, etwa eine Radstunde entfernt. Ich richtete mich an einem See häuslich ein und schlenderte noch einmal in die Stadt. Es gab hier noch einen

Umzug auf der Straße zu sehen, außerdem konnte ich noch eine für mich sehr außergewöhnliche Attraktion bestaunen: Männer hackten wie verrückt auf in metallene Vorrichtungen gespannte Holzstämme mit blitzenden Äxten ein. Eine kleine Timbersportmeisterschaft (Holzfällermeisterschaft) also, so sagte man mir. Es war bereits späte Nacht, als ich zu meinem Schlafplatz trottete. Der letzte Tag des Jahres neigte sich seinem Ende. Hier schienen alle Menschen mit sich beschäftigt. Keiner interessierte sich für mich. So setzte ich mich vor mein grünes Igluzelt, wechselte ein paar Worte mit meiner freundlichen Begleiterin „Else" und lauschte der Musik, die aus meinem Miniweltempfänger quoll. Eine Stimme zählte den Count-down ..... „Happy New Year 2000!" Ich zog den Korken aus der Rotweinflasche, begrüßte das neue Jahr, und noch in der ersten Stunde dieses Jahrtausends lag ich im Schlafsack und dachte: „2000, was ist das schon, nur eine Zahl im Zeitgefüge der Welt."

Holzhackermeisterschaften

Teufelinsel

Lange habe ich überlegt. 300 australische Dollar sind viel Geld, das sollte der Preis sein für die Überfahrt. Ob meine schmal bemessene Reisekasse das verkraftet? Trotzdem, die Neugier siegte. Eines Morgens in der Frühe fuhr ich zum Melbourner Fährhafen. Da lag sie, ein imposanter Koloss aus Stahl. „Spirit of Tasmania" stand in großen Buchstaben am Bug des Schiffes. Gemächlich fuhr sie durch die „Port Phillip Bucht". Die 15 Stunden Überfahrt waren alles andere als langweilig. Das sanfte Dahingleiten des weißen Riesen wirkte beruhigend und ich konnte über so manche Begebenheit meiner Reisezeit nachdenken.

Auf dieser Minifähre wurde selbst eine kleine Überfahrt zum Abenteuer

Hier fand ich auch einen Gesprächspartner: Martin, Doktor der Philosophie, der in Dover lehrt, ein sehr wissender und weiser Mensch. So verflogen die Stunden schnell, Martins Adresse zierte anschließend mein Adressbuch. Mal wieder hatte ich eine Einladung in der Tasche. Sogar auf dem Weg zu dieser entlegenen Insel des tasmanischen Teufels riss die Gastfreundschaft nicht ab.

Der Leuchtturm von Devenport, der wie ein rot-weißer Socken an der Hafeneinfahrt platziert ist, war das erste Gebäude, das von mir gesichtet wurde.

Ich fuhr nach dem Ausladen noch ein paar Kilometer durch die Dunkelheit und fand schnell eine Stelle zum Übernachten am Straßengraben. „Else" an den Baum gestellt, den Schlafsack unter einem Busch ausgerollt und schon war ich eingeschlafen. Ohne Zelt über dem Kopf blinzelte mir die Sonne schon sehr früh in die Augen, so dass ich sehr zeitig aufs Rad kam. Dazu: perfektes Wetter, kein Wind, Sonne. Die Kilometer fuhren sich fast wie von selbst. Nach 170 km stand ich vorm Freycient Nationalpark. Hier traf ich auf Dimity, Lachlan, Anna, Studenten aus Sydney, Anfang zwanzig und mit einem herrlichen Humor. Gerade meine Wellenlänge. Als ich ihnen meine Reiseroute durch Asien und Australien erklärte, saßen sie mit staunenden Gesichtern da und jedes zweite Wort war: „unglaublich". Dann schwärmten sie mir von der Maria-Insel vor, einem Nationalpark, und es sei dort sooo schön. Mehr Worte brauchte es nicht. Ich schloss mich dieser lustigen Truppe an. Traumhafte Tage waren das auf dem kleinen Zeltplatz in der „Einsamen Bucht". Die Kängurus kamen bis ans Zelt und die schamlosen Opossum trieben in der Nacht ihr Unwesen. Lucky, der einzige Junge der Gruppe, stieß mich in die Seite: „Du, wir wollen mit noch zwei weiteren Mädchen im Südwest-Nationalpark eine Woche durch die Wildnis wandern. Komm doch mit, dann wäre ich nicht allein mit so viel Frauen." Das Lachen konnte ich mir nicht verkneifen: „Hast wohl Angst mit den Abenteurerinnen so allein?" Ich wäre ja mitgewandert. Aber noch mal 100 Dollar für den Chesna-Flug zum Ausgangspunkt war mir dann doch zu teuer. Trotzdem wollte ich diese Wildnis erleben, wenigstens ein bisschen. Allein ging es weiter bis runter nach Dover, auf und ab, bis zum Haus „meines" Philosophiedoktors Martin, der sich dort in Abgeschiedenheit seinen vielen Büchern widmete. Er gab zu bedenken: „Hast du dir das genau überlegt, so ganz auf dich gestellt in der Wildnis?" Aber ich hatte es mir vorgenommen und ließ mich nicht mehr davon abbringen. Mit einem geborgten Gestellrucksack, ohne „Else", zog ich in Richtung Pinders Pik. „Wenn du in fünf Tagen nicht zurück bist, rufe ich die Polizei an." So beruhigt, rief ich ihm zu: „Ich werde schon zurückkommen."

Immer weiter schlängelte sich der kleine Pfad hoch in die Berge am südlichsten Zipfel dieser Insel, sozusagen: am Ende der Welt. Allein! Schon seit Stunden begegnete ich keinem Menschen mehr. Das Wetter verwandelte sich in eine kalte Hexenküche. Es hagelte. Sturm. Die Markierungen verschwanden. War ich überhaupt noch auf dem richtigen Weg? Verlaufen! Angst überlief mich, ich fühlte mich außen wie innen eiskalt. Jetzt galt es Nerven zu behalten. Ich versuchte, den Weg zurückzuverfolgen. Stunden vergingen. Karte und Kompass wurden bemüht. Plötzlich war sie wieder da, die Orientierung. Gott sei Dank. Es dämmerte bereits. In meiner Not baute ich das grüne faltbare Zelt auf einem halbwegs sumpffreien Stückchen Gras im Hagelsturm auf. Dämmmatte und Schlafsack rein, nasse Sachen vom Leib, war nicht so einfach mit klammen Fingern. Nur langsam wurde mir warm. Als ich so dalag, dachte ich daran, wie ich mich vor Stunden von Martin verabschiedet hatte und er mir noch alle möglichen Instruktionen für die Wildnis gab. Da hielt ich alles für maßlos übertrieben, jetzt wusste ich, wie schnell es gehen kann...

Nach genau fünf Tagen war ich wieder bei ihm, dankte ihm herzlich, ein Abschied, der nicht leicht fiel. „Else" wurde startklar gemacht und weiter ging die Reise über Hobart in Richtung Devonport, von wo die „Spirit of Tasmania" mich nach Melbourne zurückbringen sollte. Wieder mal allein unterwegs, dachte ich an meine Freunde aus Sydney. Was sie wohl gerade machen? Ich rief bei Verwandten in Hobart an, bei denen wir eine gemeinsame Nacht verbracht hatten. „Hallo", meldete sich eine Männerstimme am Telefon. „Hallo, ich bin ein Freund von Lucky und Dimity und wollte fragen, was meine Leute so treiben und wie der Ausflug in die Wildnis ausgegangen ist."

Die Antwort kam wie ein Keulenschlag: „Was, das wissen Sie noch nicht? Die sind beim Anflug auf das Camp mit dem Flugzeug abgestürzt!" Mir blieb der Atem weg. Die Stimme am Telefon fuhr fort: „… aber alle haben überlebt." Mir fiel ein Stein vom Herzen und eine Freudenträne kullerte aus dem Augenwinkel. Alle am Leben, leichte Verletzungen. Aber Ausrüstung und Urlaub waren im kalten Meer versunken.

Das wäre mir beinahe auch so ergangen, schoss es mir durch den Kopf. Zum Glück waren mir die 100 Dollar zu teuer für den Flug. Meine Reise konnte weitergehen.

Bild 1

Bild 2

Bild 3

114

Bild 4

Bild 5

Bild 6

Bild 7

Bild 8

Bild 9

Bild 10

Bild 11

Bild 12

Bild1: In diesem Holzgestell werden Pferde im Ural beschlagen (Russland).

Bild2: Freundlicher Besuch meines Höhencamps in Tibet (China)

Bild3: Mönche prozessieren zum buddistischen Neujahrsfest in Laos

Bild4: Ein exotischer Anblick – Pilger die in Varanassi im Ganges baden (Indien)

Bild5: Von Nord nach Süd – unser Duo überquert den Äquator auf Sumatra (Indoniesien)

Bild6: Wasserspeicher gegen die Trockenheit – Flaschenbäume in den Kimberleys (Australien).

Bild7: Maoris waren die ersten Siedler aus Neuseeland

Bild8: Auf der großen Südinsel Neuseelands wartete eine fantastische Landschaft auf mich.

Bild9: Etwas eigenartig sind die Menschen vom Outback in Australien

Bild10: Hier entdeckte ich Spuren alter Kulturen in der Atakamawüste in Chile

Bild11: Brutale Realität – nach dem Erdbeben in El Salvador

Bild12: Ein unvergesslicher Moment meiner Reise war ein Sonnenaufgang am Grand Canion (USA)

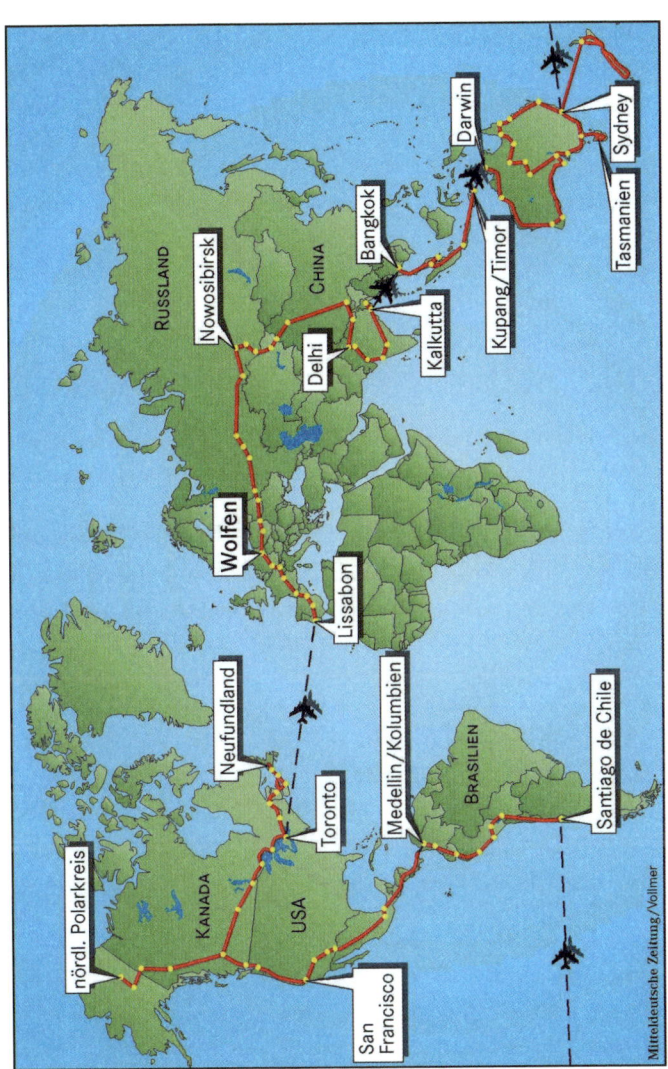

Übersichtskarte der Strecke

Spaß

Die Strecke von Melbourne nach Sydney betrug 1000 km, sozusagen ein Katzensprung. Die waren dann auch schnell gemeistert. Einen Tag Pause in Australiens Hauptstadt Canberra gönnte ich mir im Programm. Die sehr ungewöhnliche Stadt mit ihrem recht imposanten Parlamentsgebäude hat mich trotzdem nicht fasziniert. Die Menschen hier waren für australische Verhältnisse kühl, geschäftig und schienen mein Fragen nach dem richtigen Weg nur widerwillig zu beantworten.

Megan, eine Freundin, die ich noch aus der Zeit in Fremantle kannte, lud mich für ein paar Tage zum Wellenreiten ein. Ich stellte mir diese zum Volkssport gewordene Beschäftigung langweilig vor, wollte es aber dennoch probieren.

Und bevor es endgültig in Australiens große Metropole ging, wollte ich den „australischen Lebensstil" richtig genießen. Fun, Fun und nochmals Fun, wie ich es vom Hören-Sagen kannte: eine Woche Beachparty mit Büchsenbier und Barbecue. Es wurde viel gelacht und obwohl ich die meisten Leute das erste Mal sah, kam gleich Vertrautheit auf. Das Surfen erwies sich dann als gar nicht so einfach. Trotzdem hatte ich eine tolle Zeit, das sollte vorläufig das letzte Erlebnis in „down-under" sein, denn sechs Monate auf dieser glücklichen Insel gingen ihrem Ende entgegen. Sie kamen mir vor wie ein Schnupperkurs im Glücklichsein.

Mein Visum zwang mich erst mal zur Ausreise. Ich kämpfte mich durch den schier endlosen „Urbanen King Kong", Tausende Häuser mit Wäschespindel und Zäunen zogen an mir vorüber. Der Verkehr wurde dichter. Dann tauchte sie vor mir auf: die riesige Howard-bridge. Ich hielt davor an, um mir ins Bewusstsein zu rufen, wo ich war. Den Augenblick genoss ich. Ausgerechnet jetzt fiel mir wieder die kleine Kneipe ein, die in der unendlichen westsibirischen Tiefebene, mitten in Russland, wie ein kleines Hexenhaus neben der Straße stand. Es war Mittagszeit, der Hunger ließ mich absteigen und hineingehen. Ich bestellte mir eine heiße Suppe, bekam das typische Glas Wodka, wurde wie üblich ausgefragt nach dem Woher und Wohin und mein Blick fiel auf ein vergilbtes Poster auf der Wand: die Howardbridge und das berühmte Opernhaus waren abgebildet. Ich richtete meinen Zeigefinger darauf: „Genau dahin will ich!" Erstaunte Gesichter, ungläubiges Kopfschütteln, damals in dem kleinen Gasthaus, im Sommer 1998, im unendlichen Sibirien. Und damals erschreckte mich der Gedanke - ein kleines bisschen. Was den Leuten dort „spanisch" vorkam, sollte mein persönliches australisches Wunder werden. Und jetzt, anderthalb Jahre später, war ich da. Ich stand wirklich in Sydney.

Ein Wahrzeichen der Stadt ist die Oper von Sydney

Kiwiland

Am 29.02.00 hob sie ab, die Boing der „Thai Air". Auckland auf Neuseeland war ihr Ziel, ich an Bord und ein Abstecher nach Ozeanien auf dem Programm. Für zwei Monate gehörten die beiden Inseln mir und „Else". Es versprach ein toller Abstecher zu werden auf das Land der Kiwis, dieser fast blinden und flugunfähigen Vögel, und der Maoris, die hier vor vielen hundert Jahren mit Booten von den nördlichen pazifischen Inseln gekommen waren. Allerdings ist es auch die Geschichte des Seefahrers James Cook, der im 18. Jahrhundert die Inseln anfuhr und hier ein Drama auslöste ähnlich den „Entdeckungen" Amerikas und Australiens.

Raus ging es aus dem hektischen Auckland. Mir schien es, als gäbe es für Radfahrer keinen Platz. Kaum Radwege und auch die große Brücke war für Pedalisten tabu. Mein erster Eindruck: Autofahrer schienen das Wort Rücksicht nicht zu kennen. Es begann wie in jeder großen Stadt mit einem „Kampf" durch nicht enden wollende Vorstädte, so dass das Radeln durch unbelebte Natur erst mal aufgeschoben war.

Es wurde spät, ich versuchte immer noch fleißig, dem Häusermeer zu entkommen, als ich links an der Straße ein exotisch wirkendes Gebäude entdeckte. Es war ein Tempel der Sikhs, jener Inder, die heute als militant gelten und einer der vielen Guru - Bewegungen angehören. Aus meiner „Indienzeit" allerdings waren sie mir als äußerst gastfreundlich in Erinnerung. Hier gab es also Auswanderer, die ihre Religion praktizierten. Was lag näher, als anzuklopfen und um Herberge zu bitten. Wenig später saß ich schon mit dem Ältesten in der Küche, hörte indische Musik und aß *Dahl-Bat* (Linsen mit Reis), das typische Gericht für den Norden dieses Subkontinents. Die Atmosphäre versetzte mich unweigerlich viele Monate zurück, als ich durch dieses Land kurbelte. Indien hat so viele facettenreiche Gesichter; tiefste Armut und größter Prunk waren so dicht beieinander, dass man die Eindrücke kaum verarbeiten konnte und was mich so viel Nerven gekostet hat. Komisch, jetzt sehnte ich mich

122

zurück in diesen chaotischen Teil der Welt, wo die Straßen eher an ein „Schlachtfeld" als an geordneten Verkehr erinnerten.

Eine Stimme riss mich aus den Träumen: „Sir, wenn Sie wollen, so können Sie hier auch übernachten." Ich fühlte aber, dass ich noch ein paar Kilometer radeln wollte, und versprach, auf dem Rückweg noch mal vorbeizuschauen. Die Adresse war im Buch, es ging zurück auf die Straße gen Süden.

Sechs Nächte, auf Farmgelände verbracht, und ich war in Welligton, der kleinen Hauptstadt. Hier ging die Fähre zum eigentlichen Radfahrerparadies, der Südinsel.

Das Parlamentsgebäude in Wellington

Cowboy

Auf der kurzen Überfahrt machte ich die Bekanntschaft mit „Kiki", einem Deutschen, der in Zimmermannstracht unterwegs war: einen Holzstab über die Schulter, daran ein kleines Bündel gehängt. Das war die ganze „Ausrüstung" für drei Jahre Wanderschaft. „Ganz schön weit kommen sie herum, unsere deutschen Gesellen auf der Walz", überlegte ich so bei mir und dachte an die vielen Kilogramm, die an „Else" hingen. Meine Gefährtin wartete gut „verankert" neben den Autos im Bauch des Schiffes. Aber „Else" hat ja auch zwei Räder, die rollen. Und es rollte sich gut auf den glatten asphaltierten Straßen hier im Süden der Welt. Obwohl es bergab und bergauf ging, war es ein Fahr-Genuss. Das mussten auch etliche andere Pedalritter wissen. Täglich grüßten mich mehrere Neuseelandradler aus aller Herren Länder, die hier „nur" ein paar Wochen auf dem Drahtesel zubrachten.

Hier bei Bluff war mein südlichster Punkt Neuseelands erreicht

Arthur Pass, Christchurch, Dunedin, die schottisch wirkende Stadt und Invercargill waren schnell erradelt und schon erreichte ich Bluff, den südlichsten Zipfel der Insel. Hier war wirklich das Ende der Welt. Mit einer Fähre würde es noch etwas südlicher gehen auf die Stewart-Insel. Da es dort aber keine Straße gibt, ersparte ich mir den Weg. Außerdem wollte ich nur reisen und nicht ins Guiness - Buch der Rekorde.

Viele Bekanntschaften habe ich in Neuseeland gemacht, wurde ich doch bei meiner Bitte um einen Zeltplatz von den Farmleuten freundlich willkommen geheißen und nicht selten ins Haus eingeladen als interessante Abwechslung. Ich wurde ausgefragt über alles, was in der großen weiten Welt so los ist, wo ich schon war, wo ich noch hin will mit meinem bepackten Drahtesel. Und die Geschichten klangen wie Märchen in den Ohren meiner Zuhörer. Sie lauschten gespannt, mit großen Augen und ich ließ meine Erlebnisse - auch für mich - Revue passieren. Durch meine „Gastleute" erfuhr ich viel über das Leben und die Probleme der „Kiwis" - wie die Neuseeländer scherzhaft genannt werden.

Eine Nacht blieb mir besonders in Erinnerung. Am Abend erreichte ich Kingston. Die letzten Sonnenstrahlen blinzelten über die Berge. Ich sah den berühmten Dampfzug, den „Kingston Flyer", durch das breite Tal schnaufen. Eine dicke Rauchwolke folgte ihm, dann kam ich an den See Waikatipu, an dem ich einige Kilometer entlangfuhr. Hier gab es kein Haus, nur Zäune. In der Dämmerung sah ich eine Stromleitung hinter einem Hügel verschwinden, untrügliches Zeichen von Zivilisation. Dort musste doch ein Haus zu finden sein. Ich pustete den Schotterweg hinauf. Tatsächlich: ein großes Farmhaus. Das Getrampel von Kühen war zu hören, Hundegebell. Auf dem Schild stand „Scott Family". Ich drückte den Klingelknopf, die Farmersfrau kam zur Tür. Nach meiner Bitte um Unterkunft wies sie mir den Weg zum Haus für die Cowboys. Heute sei nur einer der Arbeiter da und jede Menge Platz. „Und morgen kommst du um 7 Uhr zum Frühstück ins Haus, o.k.?"

600 Rinder, 7000 Schafe, 20 Hütehunde und 20 Pferde gehörten zum Besitz der Farm. „Eine Menge Arbeit", dachte ich mir, während ich am Frühstückstisch saß und reichlich

Rührei mit Speck in mich reinschaufelte. „Hast du heute Morgen schon was vor?", kam die Frage aus Richtung Küchenherd. „Nein, eigentlich nicht", antwortete ich ehrlicherweise und voll Neugier, was jetzt wohl kommen mag. „Könntest du mithelfen eine Herde Rinder und Schafe zehn Kilometer die Straße hoch auf eine Weide zu treiben? Unser Cowboy hat heute frei." Ganz spontan sagte ich zu. Zwei Hunde, die Farmersleute, ein Auto und ich traten zu diesem Abenteuer an. Los ging's mit etwa 50 Tieren in Richtung Straße. Verblüfft war ich, wie zuverlässig die zwei Hütehunde arbeiteten und bei jedem Kommando sofort reagierten. „Habe ich alle selbst trainiert", rief sie mir zu. Auch ich verrichtete die Arbeit sehr gut, wurde mir immer wieder bestätigt. Das war ein Spaß, der getrost länger dauern könnte. Leider war nach ein paar Stunden alles vorbei. Alle Tiere, Rinder wie Schafe, grasten nun auf neuem Weideland gemütlich vor sich hin. Mit dem Auto ging es zurück. Nach einem Abschiedsfoto zog meine eigene kleine „Karawane" weiter entlang am großen See Waikatipu.

Schafe gibt es überall in Neuseeland

Laura

Queenstown am Waikatipusee ist die „Abenteuerhauptstadt" Neuseelands - so stand es jedenfalls im Reiseführer. Ich befand mich in Richtung Westküste, eine verregnete Ecke Neuseelands, da konnte ich mir die „Abenteuerstadt" doch mal ansehen, wo sich jeder, der will, für viel Geld beim Bungeespringen, Rafting, „Fly by Wyre" (Fliegen mit einem flügellosen Flugzeug an einem Stahlseil), beim Fallschirmspringen oder anderen „neckischen" Sachen einen Kick verpassen lassen kann. Na ja, da dieses Queenstown auf dem Weg lag, plante ich für einen Rundgang zwei bis drei Stunden ein. Jetzt kam die Qual der Wahl: Was sollte ich mir ansehen? Vor einem Abenteuertourist-Büro stand ein Mädchen und unterhielt sich mit einem langhaarigen jungen Mann. Das lockige Haar war zu einem Zopf gebunden, in dem eine Vogelfeder steckte. Große braune Augen guckten mich an. „Can I help you?", fragte sie mich mit einer Reibeisenstimme, als ich näher kam. „Ja", antwortete ich ihr etwas ungehalten. „Ich wollte eigentlich nur die wichtigsten Sachen sehen, die es hier gibt, und dann weiterfahren", stotterte ich in meinem schlechten Englisch zusammen. „Na, dann komm mal rein!" Sie arbeitete seit ein paar Monaten bei „Fly by Wyre" im Büro und verkaufte den „Touris" alle möglichen „Abenteuer". Es war Freitag, früher Nachmittag, sie schien Zeit zu haben. In einem typischen amerikanischen Stolz erzählte sie von sich: Ihr Name sei Laura, sie komme aus Oklahoma, wo sie ein Studium begonnen hat, und nun wohne und arbeite sie hier schon acht Monate. Dann erzählte ich ihr meine Geschichte. Sie lauschte meinen Worten ganz gespannt und ließ sich nicht anmerken, ob sie sich über mein fürchterliches Englisch amüsiert. Die Zeit verflog, es war nach 18 Uhr und der Tag vorbei. Überraschend lud sie mich fürs Wochenende ein. Im nahe gelegenen Arrowtown gäbe es ein kleines Volksfest und wir könnten dort auch gleich zelten... Sie schob mir einen kleinen Zettel zu, auf dem stand: 22 Uhr im „Mc Nilles Pub".

Ich ließ „Else" im Bus zurück und ging allein durch den Abend, saß am Ufer des wunderschönen Waikatipu-Sees, sah die Lichter der Stadt, die sich im See spiegelten und immer heller schienen. Es war schon längst dunkel, ich saß immer noch am See. In meinem Magen spürte ich ein flaues Gefühl, ich versuchte einzuordnen, was sich hier anbahnte.

Aus ein paar Stunden Queenstown sind schließlich neun wunderbare Tage geworden. Mit dem 1. April setzte ich mir selber die zeitliche Grenze meiner Stillstandszeit. Bis Auckland waren es noch mindestens 1500 km und auf dem Flugticket stand: 26. April 2000. Also hieß es wieder mal Abschied nehmen. Ich merkte, dass ich schon wieder Wurzeln geschlagen hatte. Die „Abenteuerhauptstadt" Queenstown hat sich als ein schönes Fleckchen Erde entpuppt. Viele Freunde habe ich hier gefunden und einen lieben Menschen, den ich eigentlich nicht zurücklassen wollte. Trotzdem zog es mich weiter - zurück auf die Straße - neuen Erlebnissen und Abenteuern entgegen.

Kurz vor dem Abschied fragte mich Laura, die kleine selbstbewusste Frau aus Oklahoma: „Do you need an companien?" (Brauchst du einen Begleiter?) Ich war baff, konnte nicht gleich antworten. „Ich brauch' etwas Bedenkzeit!", sagte ich zu ihr. „OK, ich gebe dir eine Woche." Es regnete in Strömen. Ich zog meine blaue Regenjacke über, setzte mich auf mein Fahrrad und rollte los. Laura stand im Regen und winkte mir nach.

„Einfach vergessen, sorgenfrei weiterfahren!", dachte ich mir. Aber so einfach war das dann doch nicht.

Der typische Regen an der Westküste zwang mich zu einem Tag Pause, den ich in einem Farmhaus verbrachte. Ich musste über den Lewis-Pass. Mein Weg schien von einem Computer zum nächsten zu führen. Laura machte mir Mut, war hartnäckig: Sie wollte unbedingt mit auf Tour. Und auch ich fühlte, dass es unumgänglich war, es wenigstens zu versuchen. Also gab ich noch vorm Franz-Joseph-Gletscher grünes Licht für die kommende gemeinsame Reisezeit. Ich stellte mir vor, was am anderen Ende im Internet-Cafe in Queenstown vor sich ging. Sie sprang bestimmt herum und jubelte. Ich hatte gemischte Gefühle bei dem Gedanken an eine ständige, verbindliche Begleitung. War es doch auch ein Test, inwieweit ich noch „gesellschaftsfähig" war und Kompromisse eingehen konnte.

Der 26.04. rückte immer näher. Ich hatte mich bei John, den ich in Indien kennen gelernt hatte, einquartiert. Laura hatte drei Wochen Zeit, sich ein Fahrrad und Ausrüstung und ein Ticket nach Sydney zu besorgen. Alles andere musste sie verkaufen oder zurück nach Oklahoma schicken. Sie schaffte es, flog nach Auckland. Dort stand sie nun in der Eingangshalle, mit Rucksack und Packtaschen beladen. Eine große Pappbox stand an der Wand, das musste das Fahrrad sein. Wir strahlten uns an - Wiedersehensfreude.

Einen Tag später ging's dann nach Sydney und im Sechs-Stunden-Abstand dann hinüber nach „Down under". Ich frischte meine Erinnerungen an dieses wunderschöne Land auf, für Laura war es das erste Mal, dass sie diesen trockenen Kontinent betrat.

Eine Woche verbrachten wir bei Freunden in der Fünf-Millionen-Metropole. Ein Jubiläum bahnte sich an: zwei Jahre auf Achse, genauer gesagt: auf zwei Achsen. Das war schon ein kleines Fest, das war wie eine Flasche Wein trinken nach einer Kletterpartie in den Blue Mountains. Vor zwei Jahren ging ich in Wolfen an den Start, um die weite Welt zu erkunden.

Laura wurde gleich zu Beginn mit der Realität des Radfahrerlebens konfrontiert:

Wir begannen unsere gemeinsame Reise, wollten an der Ostküste irgendwann in den nächsten Wochen das 2800 km entfernte Carins erreichen. Die ersten Kilometer ging es durch den Großstadtstress von Sydney. Laura bekam Angst vor den vorbeirasenden Autos, flüchtete oft auf den Fußweg, weinte. Was für mich zur alltäglichen Übung geworden und längst Gewohnheit war, schien für Laura ein „Kampf mit den Elementen" zu sein. Trotzdem behielt sie ihren Humor und begann zu kämpfen. Abends dann, auf der vierspurigen Schnellstraße, hoch nach Terrigal, fing es auch noch zu regnen. Schmutzig, nass und mit den Nerven am Ende erreichten wir das Haus von Megan. Dieses Mal stand ich nicht allein vor dem Haus in Terrigal, nördlich von Sydney. Megan freute sich, mich wiederzusehen, und begrüßte auch meine neue Begleiterin aufs herzlichste. Eine warme Dusche, Abendbrot, dann ins frisch gemachte Bett. Laura lächelte mich erschöpft von ihrem Lager an. Und morgen ist ein neuer Tag, an dem es auf Nebenstraßen ohne viel Verkehr nach Norden ging - und es wurde viel gescherzt und gelacht. Und schon kam für Laura das nächste, für Radfahrer nicht untypische Problem: Knieschmerzen. Bergauf, bergab, mit beladenem Drahtesel - das kann für manches ungeübte Radlerknie das Aus bedeuten. Aber ich überlegte nicht lange, fand schnell eine Lösung, die mich allerdings viel Schweiß kostete. Ich knotete zwei Spanngurte aneinander und hakte Laura sozusagen bei „Else" ein. Die elastische Verbindung funktionierte, ich konnte Laura problemlos ziehen. Das einzige Missverständnis war sprachlicher Natur. Ich wollte, dass Laura, so gut es ging, mitstrampeln sollte; sie verstand aber, dass sie nur still zu sitzen brauchte. Wir setzten die Tageskilometer nicht zu hoch an. Unser Konvoi konnte losgehen. Als wir an eine Tankstelle einbogen, lachte ein Autofahrer über das ungewöhnliche Bild und rief uns zu: „That must be love" (Das muss Liebe sein.). Am Abend gab es einen elastischen Verband und etwas Salbe. Und siehe da, es trat langsam Besserung ein.

Immer wieder musste ich feststellen, dass wir in manchen Dingen verschiedener Meinung waren, so dass es abends oft zu Streitgesprächen kam. Und das bei meinem Englischwortschatz – Verständigungsschwierigkeiten schienen vor programmiert. Oft suchte ich ärgerlich in meinem kleinen Englisch-Deutsch-Wörterbuch, um meiner Sprachlosigkeit Herr zu werden. Lag es daran, dass sie zehn Jahre jünger war als ich? Oder daran, dass sie Amerikanerin war? Ich weiß es nicht. Jedenfalls kam mir bei solchen Situationen immer in Erinnerung, wie meine bisherige Reise mit „Else" verlaufen war, was noch als Ziel vor mir lag. In meiner Erinnerung erschien mir die zurückgelegte Strecke glücklicher als so mancher Tag jetzt.

Deutsch-Amerikanische Freundschaft – Laura im "Schlepp"

Byron Bay war erreicht. Ein markanter Punkt auf unserer gemeinsamen Tour nach Norden. Es war der östlichste Punkt Australiens, Heimat vieler Menschen mit einem etwas anderen Lebensstil: Hippies, Regenbogenkinder, Aussteiger und Leute, die das Leben im „normalen" Alltag mit all den materiellen Dingen sinnlos finden und hier in der warmen Sonne Australiens mit ganz wenig zufrieden sind. Surfen oder Wellenreiten war aber auch hier weit verbreitet. Regelmäßig betrieb man einen ganz besonderen Sport: gemeinsam wurde getrommelt. Einem solchen Ereignis durfte ich beiwohnen. Jeder fing auf seinem mitgebrachten großen oder kleinen Instrument zu trommeln an, plötzlich finden alle zu einem gemeinsamen Rhythmus. Man spürt, wie diese Energie von allen Besitz ergreift, man kann nicht anders als mitzutrommeln und in diese harmonisch-rhythmische Gemeinschaft einzutauchen.

Wir zogen weiter. Ich merkte, dass die Spannungen immer wieder auftraten. Die Diskussionen und Kompromisse kosteten viel Energie und versperrten oftmals den Blick für die Dinge, die ich normalerweise an der Straße sah.

Und so reifte in meinem Kopf die Idee, dass in Cairn unsere gemeinsame Reise ihr Ende findet, so schwer es auch werden würde.

Entlang der Ostküste gab es nicht nur schöne Fleckchen Erde, sondern auch Gegenden wie Surfers Paradise oder die sogenannte Gold Coast, ein Strand, total zugebaut mit „Bettenburgen" und Promenaden. Auf Grund der dichten Besiedlung ist diese Strecke natürlich nicht so ruhig und einsam wie die Westküste oder der Nullabor.

Wir sahen Brisbane, den südlichen Sonnenwendekreis bei Rockhampton, Townsville und Magnetic Island. Dann erreichten wir unser Ziel Cairns. 2800 km gemeinsames Radeln lagen hinter uns. Hier gab es endlich wieder ein festes Quartier. Julien, einer der beiden jungen Männer, mit denen ich im Dezember 1999 von Adelaide nach Melbourne radelte, hatte sein Ziel schon vor Wochen geschafft und studierte hier für ein Semester. Eine schöne Zeit in Cairns war das. Einen Bootsausflug zum benachbarten Great Barrier Riff ließen wir uns nicht entgehen. Das stellte sich aber bald als Riesenflop heraus: Dieser Tag war sehr stürmisch und das Boot sehr klein, so dass es extrem auf den Wellen schaukelte, wie eine Nussschale. Ich wurde so seekrank, dass ich nur über der Reling hing. Angekommen stellte sich heraus, dass das Riff infolge der vielen Touristen ganz kaputt und braun aussah. Ich war ja auch einer der Touristen und bekam ein schlechtes Gewissen. Und zurück ging dasselbe Spiel. Heilfroh war ich erst, als meine Beine wieder festen Boden berührten. Froh machte mich auch der Gedanke, dass ich in den nächsten Tagen wieder in die Pedalen treten konnte.

Zentrum

Noch ein paar Tage Cairns, die Stadt im tropischen Nordosten von Australien, die sich für diese Jahreszeit mit 26°C recht kühl zeigte, dann trat ich - wieder allein - in die Pedale. Es war jetzt Anfang Juni. Tagelang hatten Laura und ich gebrütet, wie es mit uns beiden weitergehen sollte. Einerseits war mir Laura ans Herz gewachsen, andererseits machte sich ein Drang nach Alleinsein in meiner Brust breit. Und dann war da noch die Sache mit dem Geld. Laura war „abgebrannt", auf eine Weltreise nicht vorbereitet. Ein guter Vorwand für uns beide, um erst einmal Abstand zu gewinnen. Dazu kam die nächste Strecke, das unwirtliche Zentrum, das Outback - es würde härter werden als die Strecke, die hinter uns lag, mit dem grünen Küstenstreifen im Osten.

Da stand sie, das Rad in der Hand, den roten Helm schief im Gesicht, Tränen rollten. Ich sah mich um, immer ein Fehler, aber ich konnte nicht anders. Wir hatten ausgemacht, uns in ein paar Monaten zu treffen, um gemeinsam nach Südamerika zu fliegen. Wer weiß ...

Hoch ging's ins kleine Küstengebirge. Rechts und links lag der Dschungel wie eine grüne Wand. Gerade hatte ich mich an dieses Bild gewöhnt, war der tropische Zauber auch schon wieder weg. Nach ca. 30 km zeigte sich mit einem Schlag die typische australische Landschaft: trockener staubiger Boden, Eukalyptusbäume, der australische Busch.

Am anderen Morgen: Regen. Eine graue Gestalt erscheint im Dunst, wird größer, sitzt auf einem Fahrrad. Ich erkannte den selbstgebauten Helm mit einer riesigen Krempe dran, das Mückennetz war hochgekrempelt. „Nu, grüß dich!", kam es im besten sächsischen Dialekt herüber. „Mich haut's um". Das war doch Danny. So klein ist das große Australien. Den Radler traf ich vor sechs Monaten in Ceduna, an der Stelle, wo meine Nullabor-Durchquerung endete. Wir quasselten ein paar Minuten, bis uns kalt wurde, dann fuhren wir weiter - jeder seines Wegs.

So langsam gewöhnte ich mich wieder an die endlosen Weiten des Outbacks, an die seltenen Siedlungen, an die wenigen Autos und die Roadtrains, die hier vorbeikamen. „Else" war zum Bersten beladen: Lebensmittel für einige Tage und viele, viele Liter Wasser - das schlägt ganz schön aufs Gewicht. Zum Glück haben Hügel hier Seltenheitswert, so dass es sich trotzdem angenehm leicht rollt.

Tage vergingen. Einer ist wie der andere. Früh: Haferflocken, Tee; mittags: ein paar Müsliriegel; abends: Nudeln mit Tomatensoße. Dazwischen täglich 120-150 km. Am Weg lagen: Normanton, wo das größte Krokodil mit einer Länge von 8,56 m erlegt worden sein soll, Mount Isa, die alte Minenstadt, und die Grenze zum Northern Terretory. In dieser Ecke Australiens gibt es fast keine Bäume. „Nullabor" -baumlos- wie die Ureinwohner sagen würden.

Nach 14 Strampeltagen gelangte ich an das langersehnte „Three Ways Roadhouse". Es ist eigentlich eine Servicestation wie jede andere, aber an dieser Stelle erreicht man den Stewart Highway (Nr.87), auf dem ich vor fast zehn Monaten schon in derselben Richtung unterwegs war. Ein Hinweisschild zeigt die Stadt im Herzen Australien an: Allice Springs. Bis dahin sind es noch 531 km. Das hieß für mich: In der 4000-Seelen-Gemeinde Tennant Creek müssen die Packtaschen aufgefüllt werden.

Viel hatte ich von den Aborigines gehört und ihren Problemen, mit der Welt des „weißen Mannes" klarzukommen. Hier in diesem kleinen Ort trat es besonders krass zutage. Viele Ureinwohner lagen betrunken auf der Straße, einige bettelten mich an. Ein trauriger Anblick und ich schämte mich, dass ich auch ein „weißer Mann" war, mit westlicher Kultur und westlichem Lebensstil, obwohl der Kulturschock für die Aborigines durch die importierte Lebenswelt der Europäer schon vor über 200 Jahren begann und seitdem viele Ureinwohner scheitern ließ.

An dem Abend bekam ich ein sicheres Quartier in der katholischen Kirche, einer Art Scheune - kein Luxus, aber abschließbar.

Mit Laura hielt ich natürlich noch Kontakt, meist per Internet, das ich in jeder kleinen Bibliothek, die auf meinem Weg lag, kostenlos nutzen konnte. Sie hatte sich eine Stelle auf einer Farm besorgt und melkte schon über einen Monat jede Menge Kühe. Wir hatten ein bisschen Sehnsucht. Deshalb besorgte sie sich ein Ticket für den Greyhound-Bus zum Ayers Rock.

Jetzt hatte ich wieder einen festen Termin: den 09.07.2000, 14 Uhr. Bis dahin genoss ich meine Einsamkeit und die totale Ruhe im Zentrum Australiens. Gemischte Gefühle machten sich breit. Noch ca. 200 km lagen vor mir, vorbei an Alice Springs, Hermannsburg und über eine Gravel Road - eine Schotterpiste - zum Kings Canyon (wobei das Wort „King" sehr schmeichelhaft war), weiter zum Ayers Rock. Geschafft!

Etwas später als erwartet kam der Bus aus dem 2500 km entfernten Cairns. Laura plus Rad waren wieder da. Wir sahen uns noch die 40 km entfernten Olgas an, standen - natürlich staunend - vorm Wahrzeichen des Landes, dem Uluru oder Ayers Rock. Der größte Monolith der Erde ragt rot und gewaltig aus dem flachen Grund, das Drum-herum war enttäuschend: Ein riesiger, vollklimatisierter Touristenkomplex mit dem entsprechenden Kommerz wirkte abstoßend auf uns. Wie die Ameisen krabbelte alles auf diesen Felsen, obwohl allgemein bekannt sein dürfte, dass der Uluru ein heiliger Felsen und das religiöse Zentrum der Ureinwohner ist und die Besteigung äußerst ungern gesehen wird.

Nach zwei Tagen ergriffen wir die Flucht und pedalten wieder gemeinsam. Für Laura, die etwas außer Training war, bedeuteten die Durststrecken im Zentrum besondere Anstrengung. Die Jahreszeit, mit ihrer Tagestemperatur von etwas über 20°C, war angenehm. Nachts allerdings gab es das eine und andere Mal schon Frost. Der (wenige) Regen störte uns nicht, überzog er doch die Wüste mit einem kleinen Blütenkleid. Dann ging es zurück zum Stewart Highway und runter in Richtung Adelaide. Nach zwei Tagen campten wir kurz hinter dem „Marla" Road House im Staub des Outbacks. Urplötzlich schossen dicke Wolken über den Himmel, die Dämmerung verdichtete sich zu einer schwarzen Masse. Laura bekam Angst. Ich versuchte sie mit den Worten: „Das ist nur heiße Luft", zu beruhigen, „da passiert bestimmt nichts." Aber weit gefehlt. Blitze schossen zu Boden, Donnergrollen erschütterte die Gegend. Sturm, dann Regen. Jetzt sah ich die Bescherung: Wir standen genau in einer Senke oder einem kleinen ausgetrockneten See. Fluchtpläne wurden in Sekundenschnelle geschmiedet. Doch die Götter hatten ein Einsehen mit uns und unsere Unachtsamkeit wurde nur mit Regentropfen „bestraft".

Eine eigenartige Stadt begrüßte uns inmitten einer baumlosen Wüste. Coober Pedy, in der südlichen Simpson Wüste gelegen, ist die „Opal-Hauptstadt der Welt", umgeben von unendlich vielen Löchern, bis zu 30 m tief in die Erde getrieben. In dieser Stadt dreht sich alles um diesen schillernden Stein. Über die Hälfte der etwas verrückten Bewohner dieses rauen, unwirtlichen Fleckchens Erde wohnt sozusagen unter Tage, in sogenannten Erdwohnungen. Wir schlugen unser textiles Zuhause auf dem Campingplatz auf.

Ich fühlte eine Unruhe, merkte, dass sich wieder etwas verändern würde. Und so war es auch. Laura wollte noch ein wenig in dieser Stadt verweilen, etwas Erfahrung mit Opalschürfen machen, ich musste und wollte weiter. Ja, so ist das mit uns Reisenden oft - jeden zieht es seines Weges. Mal wieder hieß es Abschied nehmen. Am Ortsausgang stand demonstrativ, sozusagen als Wahrzeichen, an der Touristeninformation ein riesiges Opalschürfgerät. Uns schnürte es das Herz zu. Nur langsam entfernte ich mich durch die Wüste in Richtung Adelaide, weg von dieser Stelle des Abschieds. Immer wieder drehte ich mich um. Laura stand da, winkte noch ein paar Mal, sie wurde immer kleiner, verschwand zu einem Punkt. Cooper Pedy verschwand zu einem Punkt. Ich war wieder alleine im Outback. Nach Tagen bekam ich die ersten Felder zu Gesicht. Ich radelte hinter der Flinders Range auf einer guten Asphaltstraße durch fantastische Landschaft auf Adelaide zu.

Mit Laura unterwegs im Zentrum Australiens

Endspurt

Adelaide, die charmante Hauptstadt Südaustraliens, kam mir vertraut vor. Fast fühlte ich mich wie zu Hause. Viele Freunde begrüßte ich hier und natürlich meinen alten Herrn, den netten Harry, der über meine hinterlegten Ersatzteile und Reiseführer wachte. Er empfing mich besonders herzlich. Bei ihm war sozusagen mein australisches Basislager. Post aus aller Welt und aus der Heimat hatte sich angesammelt, lag zum Lesen bereit.

Jetzt hatte ich Zeit und die Möglichkeit an „Else" zu basteln, um sie für die nächsten zigtausend Kilometer Abenteuer fit zu machen. Außerdem schmökerte ich in den Reiseführern der nächsten Kontinente, Süd- und Nordamerika harrten der Entdeckung. Aber immer eins nach dem anderen. Zuerst kam mein großes Ziel: die Olympischen Spiele 2000 in Sydney. Die Tage verrannen wie im Flug; Zeit für den Endspurt. Die letzten 1500 km, für dieses riesige Land keine Entfernung, waren schnell in den Beinen.

Am 10.09.2000 rollte ich aus den Blue Mountains hinunter in die größte Stadt des Landes, Sydney. Alles war im Olympiarausch, so schien es mir, mehr Hektik, als ich es sonst gewöhnt war. Was war zu tun? Ich hatte keine Ahnung, was und vor allem wie ich mich in dieses Megasportereignis „einklinken" sollte. Also erst einmal rein ins Gewühl und den Vorbereitungsstress, der jetzt, ein paar Tage vor dem Tag X, auf Hochtouren lief. Links an der Straße tauchte der gewaltige Olympia-Komplex auf. Er sah aus wie eine eigene, völlig neue kleine Stadt. Vorm Presseturm hielt ich an und sinnierte immer noch, was zu tun sei. Ein Kamerateam von der ARD marschierte an mir vorbei, blieb verwundert stehen. „Sie sind doch nicht etwa mit dem Fahrrad bis hierher gefahren!" - „Doch", erwiderte ich stolz. Die Reaktion kam sofort: „Bleiben Sie hier stehen und sagen Sie nichts den Kollegen vom ZDF, Sie sind unser Mann. Haben Sie verstanden?" Ich grinste in mich hinein und wartete. Dann holten sie mich in den VW-Bus der ARD und fuhren „Else" und mich direkt in die City zum Darling Harbour. So schmutzig wie Rad und Fahrer waren, wurden wir vom Pagen in den Aufzug des Viereinhalb-Sterne-Hotels „Four Points" verfrachtet, eine Hoteltür öffnete sich und ich stand mitten im Luxus. Hier „musste" ich ein paar Tage warten, bis sie am Freitag mit meinem Live-Interwiev auf Sendung gehen wollten. So viel Aufwand für so wenige Minuten! Frisch geduscht und rasiert lag ich auf dem Doppelbett, sah fern, genoss mein ungewöhnliches Quartier. Dann kam Freitagfrüh. Ich war live dabei, für vier Minuten in der „Olympischen Nacht" - an die Zeitverschiebung hatte ich im Moment gar nicht gedacht.

Mit meiner Einladung vom NOK konnte ich das Olympische Dorf besuchen. Die öffentlichen Straßenveranstaltungen, z.B. die Triathlonwettkämpfe, bestaunte ich vom Straßenrand aus. An Karten für andere Veranstaltungen war nicht zu denken. Was sonst noch passierte, sah ich wie viele andere auch über riesige Leinwände, die in der ganzen Stadt ein Bild von den Spielen übermittelten. Ich war am Ziel meiner Reise angelangt. Mir fiel wieder der alte chinesische Spruch ein: „Der Weg ist das Ziel". Das ist die beeindruckende Lektion gewesen, die jeder Reisende irgendwann lernen muss. Also kramte ich mein Flugticket aus der Lenkertasche. Dort stand der 28.09.2000 als Stichtag drauf. Mir blieben noch wenige Tage, die letzten hier unten in Australien. Wehmut machte sich in meiner Seele breit. Ich spürte die Wurzeln, die ich in 13 Monaten geschlagen hatte.

Amerika

Der riesige Flieger schwebte langsam der chilenischen Hauptstadt Santiago entgegen. Ich kam sozusagen durch die Hintertür nach Chile. Zu verdanken hatte ich das einem kurzen Zwischenstopp in Buenos Aires. Der Blick auf die Andenkette war atemberaubend. Ich spürte etwas Lampenfieber, obwohl ich mir einen leichten Start erhoffte, dank einer Bekanntschaft, die Monate und Kontinente zurücklag. In Malaysia verabredeten wir unser Treffen. Und so wurde ich mit Papas Kleinbus erwartet. Schön wäre es gewesen und ganz einfach, aber - „Else" wurde nicht ausgeladen. Sie war irgendwo in einer anderen Maschine unterwegs nach Südamerika. Ein Versehen - so teilte uns ein Flugangestellter mit. Also ging es erst mal ohne meinen Drahtesel in mein Quartier. Ein vierstöckiges Haus mit Fahrstuhl, Dienstpersonal und jede Menge anderer Luxus warteten auf mich. Wir fuhren durch eine typische Großstadt mit dazugehörigem Chaos einer Metropole. Ich sah schon auf dieser Fahrt viele arme Geschöpfe auf den Straßen. Ach, ich musste mich wieder mal umstellen. Australien, Neuseeland, zwei reiche Länder dieser Erde, das war Geschichte. Hier im Süden Amerikas gab es nur wenige sehr Reiche, doch die Masse der Bevölkerung lebt in relativer Armut. Meine Gastleute in Santiago gehörten zu den Privilegierten: Jeden Tag wurde ich gefragt, was ich zu speisen wünschte; mein Bett wurde jeden Morgen gemacht und auch sonst fühlte ich mich von Familie und Personal rundherum verwöhnt. Viele Ausfahrten wurden mir zu Ehren ins Umland gemacht. Aber oft ging ich auch allein auf Streifzug in die große Stadt. Ein Mann, unterwegs mit seinem Sohn, sprach mich an: „Nu, wo kommst du denn her?" Das war eindeutig sächsisch. Ist die Welt doch klein! Vor mir stand ein Professor für Musik, der im Dresdner Symphonieorchester spielte. Gastiert wurde an diesem Abend in der Oper von Santiago, einem imposanten alten Gebäude im barocken Stil. Prompt bekam ich eine Einladung. Neben dem Intendanten, in der

Loge, konnte ich Brahms, Beethoven und Mozart lauschen -
ein echtes Highlight und für mich ein schöner Auftakt meiner Tage im Amerika.

Schnell besorgte ich mir noch ein Empfehlungsschreiben in
spanischer Sprache von den netten Landsleuten in der deutschen Botschaft und schon war meine erste Woche in Chile
gelebt. Zeit zum Start in Richtung Norden, zu neuen Hori-
zonten.

Meine „Else" hatte ich endlich wieder. Nur einen Tag nach
meiner eigenen Ankunft tauchte auch sie wieder auf. Wenn
sie erzählen könnte, hätte ich sie befragt, welche Länder sie
schon ohne mich bereist hat.

*Vom Flieger aus konnte ich den Blick auf die verschneiten Anden
genießen*

Atakama

Bis zum Stadtrand begleitete mich noch das Familienoberhaupt. Dann wurde das Fahrrad aus dem Kleinbus gehievt, die Packtaschen dran befestigt. Nach nochmaligem Händeschütteln, einem kurzen „Ciao" ging's also los. Kilometer null. Und langsam, ganz langsam setzten sich die beiden 26-Zoll-Räder meines Drahtesels in Bewegung. Wieder einmal musste ich feststellen, dass sich fast völliges Nichtstun bemerkbar macht. Immerhin waren das drei Wochen des „Ausruhens" gewesen. Die Kondition war fast dahin. „Aber, was soll's, die wird schon wiederkommen", dachte ich mir und schlich mit großer Anstrengung über den Asphalt. Entschädigt wurde ich durch die herrliche Landschaft. Hier unten gab es viel zu sehen, es ist ein schönes Land und jetzt im Frühjahr blühten die Kakteen. Ich wusste aber auch, dass es irgendwo, hinter dem Horizont im Norden, eine ganz alte, leblose Wüste gibt, die Atakama, die sich an der nördlichen Küste Chiles ausbreitet.

Diese kahle Mondlandschaft ließ nicht lange auf sich warten. Fünf Tagesreisen entfernt von der Hauptstadt ging es los. Die Kakteen wurden immer spärlicher, auch die übrige Vegetation verschwand fast urplötzlich aus der Landschaft. Die Atakama, 42 Mio. Jahre alt, sagen die Geologen, soll die älteste Wüste der Welt sein. Na, jedenfalls war es eine „echte" Wüste. Auf vielen Kilometern gab es keine Vegetation, nicht mal einen Grashalm.

Gut für mich, dass es Frühling war, der machte das Radeln noch halbwegs erträglich. Das Thermometer kletterte auf etwas über 30°C - alles noch im grünen Bereich. Die Nächte allerdings waren empfindlich kalt und oft zog der typische Nebel vom Meer hoch in die Alakama und der „Spaß" verschwand oftmals erst am späten Vormittag. 120 km war die größte Entfernung zwischen den wie aus Brettern zusammengezimmerten „Gaststätten", an denen es was zu essen gab. Das notwendige Wasser für Trinkflaschen und Tank konnte man hier auch erwerben.

Scheinbar ohne Vegetation waren große Teile der Atakama-Wüste

Eine Wüstendurchquerung auf dem Sattel eines Fahrrads ist immer eine große Herausforderung. Nicht selten muss man sich auch mal ein bisschen quälen. Aber die schönen kühlen Nächte, in denen man allein in seinem Schlafsack liegt und am Firmament die wie Diamanten funkelnden Sterne betrachten kann, diese Momente entschädigen für die Strapazen des Tages.

Und so verging ein Tag nach dem anderen. Antafogasta, Inquique und Arica heißen die großen Städte im Norden der chilenischen Pazifikküste. Aber so ganz allein wie in den Nächten war ich tagsüber nicht immer. Es gab schon ein wenig Verkehr am Tage, auch ein paar Abenteurer traf ich in dieser Einöde. Da überholten mich doch zwei Motorräder, die sehr bepackt waren. Die Fahrer rissen den Arm hoch und grüßten heftig. Ein paar Minuten später nur fand ich mich auf einer Abfahrt. Im Tal gab es ein kleines Restaurant. Hier holte ich meine motorisierten Abenteurer wieder ein. Etwas ironisch klang es schon, als mich der eine auf Deutsch ansprach: „Von wo kommst du denn her?" Jetzt war ich an der Reihe und erzählte meinen zwei „Helden", wie weit man mit „Kurbeln" kommen konnte, ohne dass ständig ein Motor knattern muss. Während ich meine Geschichte kurz zum Besten gab, hörten mir die beiden andächtig zu und luden mich voller Ehrfurcht zu Limo und Schokoriegel ein.

Und da war noch der Engländer Chad, der seit 1998 „on the road" mit seinem Unikum aus Draht und Gummi durch die Welt fährt. Er durchradelte Australien und kam jetzt aus Alaska mit dem Ziel Feuerland, ihn zog es ganz in den Süden Lateinamerikas. Wir saßen fast eine ganze Stunde im Sand am Straßenrand und plauderten - natürlich übers Reisen. Ich betrachtete mir sein Rad. Die Schutzbleche bestanden aus aufgeschnittenen Colaflaschen, alle Fahrradschläuche hatten die Funktion von Spannriemen. „Aber es fährt", versicherte er mir. Und er garantierte mir, dass es in dem nächsten Land, in Bolivien, oben auf dem Altiplano, wieder grün wird. Wenn es auch keine Bäume wären, so sollten mich doch eine Art Steppe und Kaktusgewächse erwarten. Mir wurden die Augen feucht, Vorfreude machte sich in mir breit. Irgendwie hatte ich von dem wochenlangen Gekurbel durch die vegetationslose Mondlandschaft der Atakama so langsam „die Nase voll".

Bei einer Panne in der Wüste musste man sich selbst helfen

Hoch

Arica, im Norden Chiles, für viele Wochen mein letzter Punkt auf Meeresniveau. Endlich ging's hoch! Das ewige Treten durch das Nichts, das sich Atakama nannte, war erst mal Geschichte. Und mit der Höhe kam dann auch das Grün zurück. Von Arica aus schlich ich ein großes Tal aufwärts. Ein Flüsschen, aus den Anden kommend, spendete Wasser für ein paar Felder und Bäume. Als sich der Tag dem Ende zu neigte, die Dämmerung nicht mehr weit war, machte ich es mir in einem kleinen Dorf, namens Poconchile, unter dem Vordach eines Pfarrhauses bequem. Einen Geistlichen für so eine kleine Kirche schien es hier nicht zu geben. Die Nacht verlief friedlich, ohne besondere Vorkommnisse. Ausgeschlafen ging es früh am Morgen ans Werk. Steil und steiler schlängelte sich die asphaltierte Wüstenstraße hinauf in die hohen Anden, ins ehemalige Reich der Inkas und das Reich der Lamas, die heute noch dort oben anzutreffen sind. Einen Höhenmesser hatte ich nicht im Gepäck, das war vielleicht auch gut so, denn so konnte ich nicht sehen, dass ich mal wieder einen falschen Ehrgeiz an den Tag legte und viel zu schnell stieg. Dann tauchten sie auf, die typischen Kakteen, die wie viele große grüne mehrarmige Kerzenständer in der bergigen Wüstenlandschaft standen und mir anzeigten, dass die Höhe jetzt schon zwischen 2500 und 2800 m betrug; denn nur dort gedeihen solche Gewächse.

Weiter, immer weiter stiegen Else und ich. Völlig erschöpft erreichte ich ein Dorf und ich schlief, wie gehabt, vor einer kleinen Kirche. In der Morgenkühle ging es weiter. Es wurde immer grüner. Zwar gab es keine Bäume, aber immerhin Gras. Und Vicunjas, eine typische Lamaart, gab es zu sehen. Die zweite Nacht, kurz vor der bolivianischen Grenze, verbrachte ich in einem Dorf, unter freiem Himmel. Ununterbrochen bellte ein Hund, der mich wahrscheinlich als „gefährlichen Fremdkörper" ansah und die Nacht zur Qual werden ließ. Endlich, es wurde hell. Schnell waren meine

Sachen in den Packtaschen verstaut. Doch was war jetzt schon wieder los? Ein Nebel schien vor meinen Augen zu sein. Erst dachte ich, es wird geheizt. Kalt genug war es ja. Dann musste ich feststellen, dass ich einen Sehfehler hatte. Ich war doch zu schnell hoch geradelt. Nicht ganz ungefährlich diese Situation, denn so etwas kann tödlich enden. Vorsichtig schlich ich durch den kalten Morgen in den Anden, voller Angst, was als Nächstes kommt. Frühstück gab es in einer kleinen Hütte, einem „Café". Die Knie wurden mir weich, die Angst nahm zu. Doch ich konnte der Strafe für mein unüberlegtes Handeln und den falschen Ehrgeiz noch mal entgehen. Am Nachmittag gab es wieder einen klaren Blick. Und der lohnte sich: Vor mir lagen die Weiten der Altiplano mit den erloschenen und schneebedeckten Vulkanen. Auf 4800 m ging es über die Grenze nach Bolivien. Der Bolivianer, der meinen Pass beäugte, lugte aus seiner Zollstube heraus. Verschmitzt fragte er nach einem Stift, um mein lückenhaft ausgefülltes Formular zu vervollständigen. Er setzte noch ein paar Kreuze aufs Papier und mein Stift verschwand in seiner Hemdtasche. Willkommen in Bolivien! „Egal, denn mit Schwund ist zu rechnen", so dachte ich mir und war dankbar, dass er nicht 10 Dollar verlangt hat.

Gipfel

La Paz liegt auf 3600 m und ist die Hauptstadt, die Metropole des Andenstaates Bolivien. Trotz seiner Größe hat diese Stadt auch Charme, bietet dem interessierten Besucher viele Möglichkeiten. Da wären z.B. die alten Gebäude aus der Kolonialzeit, die 500 Jahre alte San-Francisco-Kirche oder das Goldmuseum. Aber eigentlich zeichnet sich die Stadt durch die allgegenwärtige Marktatmosphäre aus: überall Stände und Buden; Frauen mit den typischen „Melonen" auf dem Kopf bieten alles Mögliche zum Kauf. Hier gibt es auch einen so genannten Hexenmarkt, auf dem mit allerlei „Zaubermedizin" gehandelt wird. Es gab hier sogar Lamaföten, was man auch immer damit anfangen soll.

Ich quartierte mich im Hotel „El Lobo" (Der Wolf) ein. Diese Herberge wurde von einem Israeli geführt. In dem Mehrbettzimmer lag ein Reisender auf seinem Lager und malte auf ein großes Blatt Papier die Worte „Huayna Potosie 6088 m". Auf meine verwunderte Frage nach dem Wieso bekam ich zur Antwort: „Ich will einen 6000er besteigen." Er zeigte mir auf der Karte den Riesen (Berg Potosie), der ganz in der Nähe liegt. „Die Ausrüstung borge ich mir und in der Agentur Huayna potosi zahlst du für drei Tage nur 100 $", redete er werbend weiter. Seine Begeisterung ließ das Bergfieber in mir wach werden. Meinen letzten Gipfel bezwang ich drei Jahre zuvor in den Alpen. Der war allerdings nur 4000 m hoch und ich erinnerte mich daran, dass ich damals ganz schön zu kämpfen hatte, um ihn zu erreichen. Auf über 5000 m war ich auch schon, gemeinsam mit „Else", in Tibet.

Ich gab nach, ging zur Bergagentur und jetzt malte ich mein Schild „Huayna potosie 6088 m". Drei Jugendliche aus Israel, zwei Bergführer aus Bolivien, die in Spanien ausgebildet worden waren, und ich zogen gemeinsam los. Mit dem Jeep ging es zum Refugio, einer Berghütte auf 5000 m. Ein paar Trainingsstunden oberhalb der Hütte mussten sein. Abendbrot, Schlafen, Frühstück - Zeit zum Aufstieg. Der Gipfel glühte förmlich in der aufgehenden Sonne, als wollte er uns zurufen: „Hey Leute, hier bin ich, nun kommt schon!"

Steil ging es nach oben. Erst Geröll, dann Eis - der Gletscher in 5 500 m Höhe war erreicht. Hier bauten wir das Basislager, bestehend aus drei Zelten, auf und nannten es „Camp Argentina". Unsere Bergführer kümmerten sich um das Abendbrot. Es gab Kartoffelbrei, Gehacktes Klößchen und reichlich Kokatee, der gegen körperliche Probleme in dieser Höhe gut tut. Schon in dieser Höhe gab es eine Belohnung für die Strapazen des Aufstiegs: Sonnenuntergang par excellence und eine fantastische Fernsicht nach El Alto, La Paz und hinunter in die Ebene des Dschungels von Bolivien. In der Nacht gab es einen Schneesturm, der das Zelt rüttelte und mich nicht schlafen ließ. 2 Uhr morgens mussten wir raus aus dem Zelt, rein in die Bergsteigerkluft, Steigeisen und Gurt an und den Pickel in der Hand - los ging's. „Heute sind die Aussichten, auf den Gipfel zu kommen, ganz schlecht", hörten wir von den Bergführern gleich zu Beginn der Tour. Es gäbe zu viel Neuschnee.

Nicht ungefährlich war der Anstrum auf den Gipfel

Einer der Israeli wurde höhenkrank. In Begleitung eines Bergführers musste er wieder absteigen. Wir sahen der

Zweiergruppe hinterher, die zu kleinen Punkten im ewigen Weiß des Gletschers schrumpften. Unsere übrig gebliebe Vierergruppe kam viel zu langsam vorwärts. 30 m vor dem Gipfel kam das Kommando „Zurück!". Meine Mitstreiter waren zufrieden, immerhin hatten sie die 6000-Meter-Marke erreicht. Das war aber nicht der Gipfel - mich wurmte das. Unten, im Zeltlager verabschiedeten wir uns. Für mich war die „Schlacht" noch nicht zu Ende. 50 $ ließ ich für einen zweiten Versuch springen. „Du bist total verrückt", warnten mich die beiden Israeli beim Abschied. In der nächsten Nacht begann für mich dasselbe Spiel von vorn: 2 Uhr los, diesmal viel schneller. Beim Sonnenaufgang war der Gipfel erreicht! In völligem Einklang mit mir selbst genoss ich den Augenblick, fühlte mich unendlich glücklich, ließ meinen Blick in diesem einmaligen 360°-Panorama kreisen: Titicacasee, La Paz, der Dschungel. Ein unvergesslicher Moment in Südamerika!

La Paz

Inkaträume

Vom Berg herunter, zurück auf den Boden oder besser den Asphalt der Tatsachen: Die Straße des Abenteuers hatte mich wieder. Puno, Cusco und Nasca - so hießen meine nächsten Etappen. Und immer noch fuhr ich inmitten der Altiplano, dieser riesigen Hochebene auf knapp unter 4000 m, als wäre es gar nichts. Schon längst hatte ich mich wieder an das Strampeln in großer Höhe gewöhnt und fühlte mich wieder mal „pudelwohl" in dieser etwas dünnen, aber klaren Bergluft. Es war nur noch ein „Katzensprung" bis zur Grenze nach Peru. Kurz vorher ergab sich bei einem Stopp in Tiahuanaco, einer Ausgrabungsstätte, die Möglichkeit, Prä-Inka-Kultur zu besichtigen. Am südlichen Ende des riesigen Titicacasees erreichte ich dann die Grenze. Meine letzte bolivianische Nacht verbrachte ich auf einer alten Matratze in einer kleinen Polizeistube des Rathauses im Grenzort Tapena. Dank meiner Empfehlungsschreiben und etlicher Zeitungsartikel, die sich in meiner Reisemappe angesammelt hatten, waren die Beamten dieses Kontinents - wider Erwarten - aufgeschlossen und freundlich.

Am anderen Morgen erwartete mich Peru mit Sonne und kalter, klarer Luft. Auf dieses Land war ich besonders gespannt, hatte hier doch jeder Stein Geschichte. Tempel, Kirchen, Ausgrabungen, historische Gräberfelder und Friedhöfe waren fast täglich zu bewundern. In Puno legte ich einen kleinen Stopp ein. Ich gönnte mir auf der Plaza de Armes (dem Hauptplatz) eine Verschnaufpause.

Auf den Stufen der alten spanischen Kirche sitzend, beobachtete ich das Treiben der Tauben, die mich und viel zu viele Touristen umflatterten. Ich verschwand wieder aufs Land, auf die recht einsame Straße - vorbei an kleinen Dörfern, wo ich den Menschen bei ihrer Arbeit zusah. Hier wurde noch vieles per Hand erledigt. Man mochte meinen, dass hier die Zeit stehen geblieben ist. Die meisten Leute saßen vor ihren Hütten in der Abendsonne auf kleinen Hockern oder im Sand, bereiteten einfache Mahlzeiten zu oder bedienten mittelalterlich anmutende Webstühle.

Ein Tag nach dem anderen verging und ich radelte gemächlich auf die ehemalige Hauptstadt des Inkareiches zu - auf Cuzco. Auf dem Weg dorthin gab es wieder interessante Nachtquartiere: in einem Museum, in einem Entwicklungshilfestützpunkt von „Intervida", sogar im Obdachlosenheim einer Kirche. Aber am interessantesten war die Nacht auf 4300 m Höhe, eine Tagesetappe von Cuzco entfernt.

In einer sichtbar verlassenen Bahnstation lebte eine kleine alte Frau - kein Strom, kein fließendes Wasser; nur ein Hund und ein paar Schafe waren ihre Mitbewohner. Ich durfte die kalte Nacht in ihrem Zuhause verbringen.

Auch in Peru gab es viele freundliche Gastgeber

Der einzige Besitz der alten Frau waren eine Matratze, eine schmutzige Decke auf dem Boden und ein paar Habseligkeiten. Trotzdem lächelte sie und bot ihre Gastfreundschaft an. Ich holte eine Tüte Nudeln und Tomatensoße aus den

Packtaschen hervor, brachte meinen Benzinkocher in Gang und zauberte uns beiden ein Abendbrot. Zu Tränen gerührt nahm sie ihren Topf mit dem Essen in Empfang, setzte sich in eine Ecke und genoss das „Festmahl". Satt, glücklich und zufrieden legte sich jeder auf sein Lager und schlief tief und fest.

Früh am anderen Morgen ging es weiter. Mütze und Handschuhe taten gut gegen die eisige Kälte. Noch ein Blick zurück: Da stand sie, die kleine alte Frau mit ihrem alten Hut auf dem Kopf und winkte. Schon am zeitigen Nachmittag rollten „Else" und ich ein in die von tausenden Besuchern belagerte ehemalige Hauptstadt der Inkas, die jetzige Hauptstadt des peruanischen Touristenreiches. Mal wieder war ich auf der Suche nach einer preiswerten Bleibe für die nächsten Tage, durchstreifte diese schöne Stadt, die nur so protzt mit den Zeugnissen aus der Zeit der spanischen Eroberung. Von den glorreichen Zeiten der Inkas sind heute nur noch wenige Überbleibsel zu sehen. Oft kann man nur noch die Reste der geschliffenen Inkatempel in den Kellern der spanischen Kirchen bewundern. Ich wurde fündig und quartierte mich in das kleine Hotel „Winya Wayna" - mit familiärer Atmosphäre - ein. Mir war nicht entgangen, dass Cusco auch Ausgangspunkt für Touren in das nahe gelegene Machhu Picchu ist, die vergessene Inkastadt. Nach ein paar Tagen des „Gammelns" entschloss ich mich, „Else" für eine Zeit allein zu lassen. Sieben Uhr in der Frühe holte mich ein klappriger Bus ab. Laute Cumbia- Musik dröhnte aus den Lautsprechern. 15 Leute, Schweizer, Deutsche, Amerikaner,…vier Träger und ein englisch sprechender Tourleiter, Guide genannt - das waren meine Begleiter für die drei Tage dauernde Wanderung auf den alten Inkapfaden nach Macca Piccu.

Der ehemalige Versorgungspfad war teilweise gepflastert. Strategisch wichtige Punkte wurden von Wehranlagen gesichert, die sich zum Teil selbst versorgten, was an den typischen Terrassenfeldern zu erkennen ist. Sportliche Herausforderung sollte der 1200-m-Anstieg auf eine Höhe von 4200 m am zweiten Tag sein. Ich lief im Eiltempo bergan, kam nur etwas ins Schwächeln und wartete über zwei Stunden auf den Rest der Gruppe. So hatte ich Zeit zum Genießen der Landschaft. Abends im Zeltlager stand dann mein Spitzname fest: „Forrest Gump".

Immer wieder gab es etwas zu entdecken – viele Ruinen alter Inkafestungen aber auch schöne Natur, Blicke in grandiose Täler und auf Schneegipfel, große Vogelspinnen, aber leider auch tausende Sandfliegen, die sich wie Süchtige auf unsere Waden stürzten, um einen Tropfen Blut zu ergattern. Am vierten Morgen unserer Tour warteten in der Morgendämmerung alle von uns am Sonnentor, etwas oberhalb von Machhu Picchu, um im Sonnenaufgang die alten Ruinen zu bestaunen und natürlich zu fotografieren. Aber leider war alles in dicke Wolken gehüllt und es fing auch noch an zu regnen. Im Laufe des Vormittags besserte sich das Wetter und das „Fotografenherz" konnte sich bei ein paar Sonnenstrahlen noch erfreuen.

Kurz zur Geschichte der alten Inkastadt Machhu Picchu: Dieser Ort gilt als letzte Zufluchtsstätte der Inkakönige und liegt hoch über dem Tal des Urabamba. Im Jahr 1911 wurde die unversehrte Indianerstadt des präkolumbianischen Amerika von einem Mann namens Iram Bingham entdeckt. Nachdem sie von der wild wuchernden Vegetation befreit war, konnte man sich ein Bild von der Städtebaukunst der Inkas machen. Hier liegt jedes Gebäude in einer anderen Höhe und die Häuser sind mit Treppen verbunden. Herzstück ist der alte Tempelbereich, die so genannte „Akropolis", dessen Mittelpunkt ist eine in den Fels gehauene Intihuatana, eine Sonnenwarte. Dann gibt es noch ein Königsviertel mit unterirdischen Mausoleen. Man sollte unbedingt Zeit mitbringen, um diese Zeugnisse der Menschheit auf sich wirken lassen zu können. Und so nach und nach stieg einer nach dem anderen von dem Ort der Inkas hinunter in das kleine Städtchen Aquas Galientes. Dieser Ort heißt nicht nur Aquas Galientes (Warmes Wasser), sondern es gab auch welches. Ein kleiner Teil der Mannschaft lag zusammen mit mir in einem warmen Becken. Hier regenerierten wir unsere geschundenen Glieder, gaben so manche Geschichte zum Besten und ließen unsere Seelen baumeln, bevor wir den Rückzug nach Cuzco antraten.

Dieses peruanische Mädchen hielt ihr Küken in meine Kamera

Zurück ging es mit Bahn und Bus. In meinem kleinen Gästehaus in Cuzco angekommen, begrüßte ich meinen bestimmt schon sehnsüchtig wartenden „Drahtesel". Nach weiteren drei Tagen in diesem schönen Ort wurde meine „Else" wieder startklar gemacht für die Fahrt nach Nazca, für die ich die Anden erneut überqueren musste.

Nazca

Die 600 Kilometer lange Strecke bis Nazca verlangte von „Pferd" und „Reiter" alles ab: im ersten Teil der Strecke Höhenunterschiede von 1500 Meter, zum Teil über 60 Kilometer lange Steigungen. Die Abfahrten konnte man gar nicht richtig genießen, da man schon wieder die sich endlos hinaufwindende Asphaltschlange sehen konnte. Dann endlich wurde es wieder flach und ich fuhr am Fluss entlang durch ein wunderschönes Tal, das in Abständen aus Schluchten bestand. Leider konnte ich während der Fahrt die Landschaft nicht betrachten, da ich „Else" gefühlvoll und oft im Stehen über den steinigen, staubigen Weg retten musste, damit sie keinen Schaden nimmt. Endlich, in einem kleinen Ort namens Chalhuanca, wurde die Straße wieder besser und ich bekam bei dem jungen Pfarrer des Ortes, der begeistert war von uns als Duo, ein Abendbrot und ein Bett angeboten. Die nächsten Tage fuhr ich über ein Plateau mit kleinen Seen - alle so um die 4000 Meter hoch gelegen. Überall lebten Flamingos. Leider war eines Morgens alles in Weiß gehüllt - es hatte geschneit. Gott sei Dank hatte ich wieder in einer kleinen Hütte eines Dorfes Unterschlupf gefunden. Jetzt kam die gigantische Abfahrt runter in die Wüste von Nazca. Nach 65 Kilometer ohne einen einzigen Pedaltritt bei wahnsinniger Geschwindigkeit und endlosen Kurven erreichte ich den Ort, der bis vor vier Jahren noch sehr schön gewesen sein soll. Dann gab es ein großes Erdbeben und über 70 Prozent der Gebäude wurden zerstört und, wie mein Empfinden war, ohne viel Liebe wieder aufgebaut. Man weiß natürlich nicht, wann es hier mal erneut losgeht mit einem Erdbeben. Mich interessierte hier aber eine andere Sache - die ganz in der Nähe liegenden Geoglyphen oder Nasca-Linien. Ihre Bedeutung liegt bis heute noch weitgehend im Dunkeln. Urheber war ein präkolumbianisches Küstenvolk, das etwa 200 Jahre vor Christus lebte und heute Nascakultur genannt wird. Um Linien, Figuren und Trapeze, die zum Teil riesige Ausmaße annehmen, besser sehen zu können, buchte ich einen 30-minütigen Rundflug mit einem kleinen Flugzeug. Wir waren hoch oben in der Luft. Ich schaute durch ein Plexiglasfenster. Der Motor ratterte, die Maschine zog einen großen Kreis. Dort unten tauchten sie auf, die riesigen, an Landebahnen erinnernden, Nazcalinien. Und jetzt tauchten auch die riesigen Scharrbilder auf: Eine Spinne, ein Affe, ein Vogel und der berühmte winkende Mann, der mich von einem Berghang aus zu grüßen schien. Alles über 2000 Jahre alt, unglaublich! Durch die Fliegerei war mir allerdings, trotz des nüchternen Magens, ganz schön flau zu Mute. Ich war froh, als ich nur Minuten später wieder festen Boden unter den Füßen hatte. Übrigens hat sich eine 1903 in Dresden geborene Frau, Dr. Maria Reiche, hier einen großen Namen gemacht mit der Vermessung und Erforschung der so genannten Nasca-Linien. Eine Schule und eine Straße sind hier nach ihr benannt worden, von einem in Stein verewigten Denkmal lächelt sie ebenfalls jeden Vorbeigehenden an. Leider lebt sie nicht mehr - sie ist am 8. Juni 1998 hier in Nazca gestorben und beigesetzt worden.

Hockend wurden die Menschen vor 2000 Jahren in Nasca bestattet

Während dieser Zeit waren „Else" und ich bereits unterwegs und durchquerten Russland. Noch eine andere Sehenswürdigkeit wartete auf mich: der archäologische Friedhof Chanchilla - ein riesiges Gräberfeld, auf dem einst über tausend Mumien zu finden waren. Heute gleicht er eher einem durchlöcherten Käse, denn die meisten dieser Gräber wurden aufgebrochen, um die teilweise wertvollen Grabbeigaben aus Gold und Edelsteinen zu rauben. Einige Gräber waren aber dennoch erhalten und so konnte ich mir einen Eindruck über die präkolumbianischen Bestattungsrituale verschaffen.

Meine Mission war erfüllt. Ich sattelte mein Gefährt und setzte mich an einem sonnigen Morgen weiter in Richtung Norden in Bewegung. Die Wüste blieb mir noch einige hundert Kilometer treu. Viele Pyramiden, Tempelanlagen und Ausgrabungen gab es noch im Norden Perus zu entdecken. Ich näherte mich Kilometer um Kilometer dem nächsten Land, einem Land mit einem verhängnisvollen Erlebnis.

Eigenartige Verkehrsschilder kann man in der Wüste in Peru sehen

Banditen

An der Grenze zu Equador gab es das übliche Gedränge und die typische Marktatmosphäre. Überall boten fliegende Händler auf Kramwagen ihre Waren an. Ich schob „Else" an den peruanischen Grenzposten heran, zeigte meinen Reisepass und schon war ich durch. Weiter ging es zum nächsten Check, nach einem Stempel war auch diese Hürde genommen. Vor mir lag Equador, das mir von vielen Reisenden gepriesen worden war. Am Geldwechselschalter, einer kleinen Bretterbude, legte ich ein paar Dollar ins Fenster und bekam ein Lachen zurück: Die Landeswährung war, bis auf das Hartgeld, der US-amerikanische Dollar. Ich verstand die Welt nicht mehr. So etwas war mir fremd. Und ich war enttäuscht. Es schien mir, als ob sich dieses Equador langsam selbst verkauft. Komisch war es allemal.

Flach war die Straße und grün die Umgebung: Palmen, Felder und endlos erscheinende Bananenplantagen - so weit das Auge blickt. Arbeiter grüßten, ich grüßte zurück. Bei einem Stopp gab es auch mal ein paar von den gelben, von mir so geliebten Früchten als Geschenk mit auf den Weg.

Um dem feuchten und heißen Klima hier unten zu entfliehen, entschied ich mich, die Küstenregion zu verlassen und die Straße durch die Berge in kühlere Lagen zu pedalieren. Ich schwitzte mich rauf in Richtung Cuenca. Bald gab es an meinem T-Shirt keinen trockenen Faden mehr. Endlich, es wurde trockener, zwischenzeitlich sogar richtig „steppig", strich ein kühler Wind meinen Radfahrerbuckel. Ein Motorrad, voll beladen, kam mir entgegen. Ein kleiner Mann mittleren Alters stieg von dem Gefährt. Er kam aus Argentinien und tourte schon ein Jahr durch diesen Kontinent. Der übliche Schwatz, dann stieg jeder wieder auf sein Vehikel, um seinen Weg fortzusetzen und sein eigenes Abenteuer zu leben.

Solch kurze Momente unter Gleichgesinnten wirkten auf mich immer wie ein Energieschub in positiver Richtung, wusste ich doch wieder, dass es noch andere Reisende gab, die auch allein ihre Wege gehen.

Santa Isabel, eine kleine Bergstadt, nahm mich auf, in einer Kirche fand ich mein Nachtlager. Am nächsten Tag machte ich mich endgültig in die faszinierende Bergwelt auf. Manchmal lagen die Wolken wie Zuckerwatte in den Tälern. Dadurch hatte ich eine herrliche Weitsicht auf die wunderbare Natur mit ihren Bergen und schneebedeckten Vulkanen. Momente, die sich im Gedächtnis einbrennen.

Eines Nachmittags jedoch - ich radelte immer noch durch die Bergwelt, der Regen der letzten Stunden hatte mein Stimmungsbarometer etwas sinken lassen - erschrak ich gewaltig. Ein weißer Pick-up fuhr ganz dicht auf, hielt neben „Else" und mir, eine Tür wurde aufgerissen. Drei kräftige Männer stürmten heraus, zerrten mich vom Rad: ein Überfall. Damit rechnen muss man immer, aber wer denkt denn, dass es ausgerechnet einem selbst passiert. Adrenalin schoss durchs Blut, die Knie wurden weich - keine Zeit zum Nachdenken. Eine kleine Maschinenpistole vor meiner Nase, wurde ich von der Straße zu dem nahe gelegenen Wald geschleift. Ich verteidigte mich wie ein Bär, wehrte mich, so gut es ging. Ein wilder Kampf um Leben oder Tod entbrannte. Ich fühlte mich unterlegen. Im Moment größter Bedrängnis hielt ein kleines rotes Auto am Ort des Geschehens. Drei Männer sprangen heraus, eilten mir zu Hilfe. Ich konnte es nicht glauben, das Wort „Wunder" bekam einen neuen Sinn. Die Banditen flohen. Ich konnte mich gar nicht genug bei meinen Rettern bedanken. Minuten später durchkämmten Angehörige der Armee das ganze Gebiet. Erst jetzt merkte ich, dass mir das Blut schon bis zu den Beinen lief. Sofort wurde der nächste LKW angehalten, „Else" verfrachtet und ich saß neben zwei jungen Männern im Führerhaus. In der ersten Krankenstation, die wir erreichten, gab es keinen Arzt. Weiter zur nächsten Stadt! 50 km zeigte der Tacho des LKWs schon an, bevor wir an einem kleinen Krankenhaus hielten. Ich schob mein Rad hinein, wurde von einer netten Ärztin und zwei Schwestern in Empfang genommen. Hände und blutende Knie wurden im Freien unter einem Wasserhahn gereinigt. Dann erst konnten die Kampfspuren versorgt werden. Eine große Platzwunde am Hinterkopf und eine kleine auf der Stirn mussten genäht werden. Man verfrachtete mich in ein Krankenhausbett. Es war schon später Abend. Dieses Nachtquartier hatte ich mir am Morgen des Tages nicht erträumt. Langsam ließ das Betäubungsmittel nach. Ein stechender Schmerz breitete sich im Kopf aus. Wie ein schlechter Film ließen mich die Ereignisse nicht los, die mich fast das Leben gekostet hätten.

Nach dem Überfall wurde ich im Krankenhaus gut versorgt

Höhepunkt

Mit Fäden in der Kopfhaut fuhr ich schon am selben Abend in das kleine Städtchen Riobamba ein, suchte mir ein billiges Quartier und schielte auf einen Riesen aus Stein, der eine Mütze aus Schnee trägt. Ein alter erloschener Vulkan zog mich in seinen Bann. Sein Name ist Chimborazo. Er ist 6310 Meter hoch.

Am nächsten Morgen wurde ich aktiv und war auf der Suche, eine Möglichkeit zu finden, diesen Riesen zu bezwingen. Für wenig Geld fand ich eine Agentur, lieh mir die nötige Ausrüstung, bekam einen Bergführer mit an die Seite und saß mit Raul, so hieß mein Begleiter, in einem Taxi. Es ging auf 4800 Meter Höhe. Dort stand eine Berghütte, das Refugio Garrel. Der Taxifahrer gab Gas und trat den Rückzug an und verschwand. Wir marschierten gleich los, zu einer nur 200 Meter höher gelegenen Hütte, das Refugio Whymper. Hier richteten wir uns für die sehr kurze Nacht ein. Ich lag in einem Doppelstockbett, wälzte mich hin und her. Von Schlaf konnte keine Rede sein, zu aufgeregt war ich. Um Mitternacht dann ging's los: Aufstehen, einen kurzen Imbiss, die Steigeisen, den Pickel, die Bergschuhe, den Rucksack ... Wir waren auf dem Weg zum Gletscher. Taschenlampen erleuchteten mit ihrem spärlichen Schein den Weg. Immer höher stiegen wir in die Nacht und die Einsamkeit des Berges. Das Atmen fiel schwer. Immer wieder wurde eine Pause eingelegt, um wieder einen normalen Atemrhythmus zu bekommen. Es dämmerte langsam und vor unseren Augen tat sich eine wunderbare Kulisse auf. Wir konnten weit über das Land in der klaren Morgenluft sehen. Wir kämpften uns weiter hoch, Höhenmeter um Höhenmeter. Und dann war es endlich so weit, der Gipfel war erreicht. Das war wahrlich ein Höhepunkt, absoluter Rekord. Ich stand zusammen mit Raul auf genau 6310 Metern über dem Meeresspiegel. Ich konnte sogar den weit entfernten Gipfel des Vulkans Cotopaxi sehen, dessen Spitze sich über die Wolken erhob. Kurz nur war das Verweilen auf dem Gipfel. Wir mussten schleunigst den Rückzug nach unten antreten. Es war eigentlich schon zu spät, denn die Sonne schickte schon kräftige Strahlen in Richtung Gletscher, der feste Schnee fing an zu schmelzen und zu „pappen". Eine nicht ganz ungefährliche Angelegenheit war das, unter diesen Bedingungen herunterzukommen. Aber wir hatten keine Wahl. Andauernd mussten wir unsere Steigeisen vom aufgeweichten Schnee befreien, um wieder gute Haftung zu bekommen. Doch nach einigen Stunden konzentrierten und nervigen Abstieges waren wir, Raul und ich, total k. o. in unserem Refugio. Ich saß an einem Tisch, glücklich über unsere erfolgreiche Gipfelerstürmung. Ich erfuhr hier, dass es in der Geschichte des Bergsteigens hier am Gipfel schon 22 Todesopfer gegeben hat. Am Nachbartisch saß ebenfalls eine kleine Seilschaft. Ihr gehörte auch Robert, ein Deutsch sprechender Equadorianer, an. Wir kamen ins Gespräch. Er hatte sogar in Deutschland studiert, wohnte jetzt in der Hauptstadt Quito und lud mich in das Haus seiner Eltern ein.

Raul und ich beim „Gipfelsturm"

Mit einem Taxi ging's dann wieder gen Riobamba, wo ich mich noch ein paar Tage von den Strapazen erholen musste.

Zur Hauptstadt benötigte ich nur anderthalb Tage und radelte in eines der besseren Viertel, in der Hoffnung, schnell das Haus meiner Bekanntschaft von der Hütte am Chimborazo zu finden. Bald stand ich auch schon vor der Tür, betätigte die Klingel. Ein freundliches Ehepaar bat mich hinein. Ich wurde mal wieder wie ein Sohn aufgenommen, bekam ein eigenes Zimmer mit eigenem Bad. Robert kam erst abends und wir machten zusammen mit seiner Freundin die Stadt unsicher. Die Tage vergingen wieder mal wie im Flug. Ich bekam hier im städtischen Krankenhaus noch meine Fäden gezogen, so dass mich an diesen schrecklichen Überfall nur noch eine kahl geschorene Stelle und eine kleine Erhebung, die Narbe, erinnerte. Weihnachten rückte immer näher, mein letztes auf der Strecke. Das nächste Mal wollte ich schon in heimatlichen Gefilden sein. Ich schob diese Gedanken erst einmal ganz schnell weg.

Im Gassengewirr von Quito

Problemstaat

Der Abschied fiel mir schwer. Meine Freunde in der Hauptstadt Quito wollten unbedingt, dass ich das Weihnachtsfest mit ihnen feiere, aber irgendeine innere Stimme sagte mir, dass ich weiterziehen müsse. Also zog ich. Wahrscheinlich wollte ich auch schnell aus dem Land, in dem ich überfallen wurde und ich dem Tode so nah zu sein schien. Das Rauf und Runter der Berge riss nicht ab und es war schwer, die von mir selbst festgesetzten 100 Tageskilometer zu schaffen. An diesem Tag gab es für mich noch ein großes Ereignis: Ich überquerte zum zweiten Mal den Äquator und verabschiedete mich von der Südhälfte unserer Mutter Erde und den vielen schönen Monaten, die „Else" und ich hier unten verbringen durften. Am Heiligen Abend lud mich eine Familie in ihr Haus ein und wir besuchten noch eine Nachtmesse um 22.00 Uhr. Es war interessant zu sehen, wie sich christliche und alte indianische Traditionen vermischten. Auch über die Feiertage „schrubbte" ich jeweils 100 Kilometer auf der Straße und kam meinem nächsten Ziel, Kolumbien, immer näher. Durch die Erfahrungen mit dem Überfall auf mich in Ecuador und die vielen Negativmeldungen aus Presse und Fernsehen über Guerillas, Mord und Entführung sowie Drogen (Kokain) fuhr ich mit gemischten Gefühlen in dieses Land. Am ersten Abend erreichte ich ein kleines Bergdorf und versuchte, in der Polizeistation Unterschlupf zu bekommen. Die Station glich einer kleinen Festung. Alle Polizisten waren schwerbewaffnet und sahen aus, als ob sie jeden Moment in den Krieg ziehen wollten. Die Straße vor dem Gebäude wurde nachts abgesperrt. Vor dem Haus gab es dicke Betonwände mit Schießscharten. Drinnen waren alle Glühlampen demontiert - Licht war strengstens untersagt, selbst das kleine von meiner Taschenlampe. Da es für mich in der Polizeistation zu gefährlich war, schlief ich im Haus eines Polizisten. Am anderen Morgen erzählte mir einer der Männer, dass der letzte Angriff der Guerillas etwa einen Monat zurücklag und die Polizeistation mit Maschinengewehrfeuer und zwei Handgranaten beschossen wurde. Aber auch an den allgegenwärtigen Anblick von Maschinengewehren gewöhnt man sich. Ansonsten waren die Menschen hier freundlich und hilfsbereit und meine geradelte Strecke führte mich durch wunderschöne, grüne Berglandschaften auf guter Asphaltstraße. Ich sah viele schöne Häuser und alte Kirchen. Der Verkehr machte mir allerdings zu schaffen, denn besonders die Busse und Taxis nahmen wenig Rücksicht. In den großen Städten war natürlich mehr Vorsicht geboten. Hier wurden Banken, Juweliergeschäfte, Einkaufszentren und auch viele Privathäuser reicher Leute von bewaffneten Posten bewacht. Ich glaube, das Hauptproblem, mit dem dieses Land seit etwa 36 Jahren zu kämpfen hat, sind verschiedene Guerillagruppen, die sich mit Drogengeldern sowie Geld von Entführungen und Erpressungen finanzieren. Sie kontrollieren viele Teile des Landes, vor allem im Amazonasgebiet. Sie kämpfen gegen die Regierung und wollen die Regierungsgewalt bekommen - wenn ich das mit meinen Spanischkenntnissen richtig verstanden habe. Es ist hier also nicht möglich, jeden Landesteil zu bereisen. So bin ich eben auf der Hauptstraße direkt Richtung Norden nach Medellin geradelt, wo ständig Polizei und Armee patrouillieren und es relativ sicher war.

Aber obwohl - oder gerade weil dieses Land so zerrüttet ist, geben sich die Menschen große Mühe, so viel Normalität, wie es geht, zu leben. Und sie waren hier - im Kokainland Nr.1 - besonders freundlich zu mir als einem Fremden. So verflog die Angst nach einigen Tagen und Columbien wurde zu einem echten Höhepunkt in Südamerika. Silvester rückte heran und es ergab sich, dass ich am 30. Dezember in einer kleinen, weißen, aus Kolonialzeit stammenden spanischen Kirche unterkam. Ein katholischer Priester schwarzer Hautfarbe, mit Namen Jesus, war mein Gastgeber. In einem kleinen Zimmer mit Schrank und Bett, über das ich mein Moskitonetz ausgebreitet hatte, genoss ich die lauen Dezembernächte in der Nähe von Cartago.

Der letzte Tag der turbulenten Reise des Jahres 2000 war ausgesprochen erlesen: Ich wurde der Familie von Jesus vorgestellt und sah dabei in glückliche, freundliche Gesichter. Nachts wurde dann Salsa getanzt, und zwar auf der Straße. Das halbe Dorf versammelte sich und zwischen zwei riesigen, dröhnenden Lautsprechern wurde Abschied vom Jahr gefeiert.

Mein schwarzer Priester begleitete mich noch mit dem Auto zum Ortsausgang, dann kurbelte ich allein weiter durch die columbianischen Berge, das neue Jahr war gerade zwei Tage alt. Die Räder meiner treuen „Else" rollten wieder, hoch und runter ging es, der großen Stadt Medellin entgegen, meinem letzten Punkt in Südamerika.

Ganz im Norden des Landes endet die Straße wortwörtlich im Dschungel, in dem so genannten Darien Gap. Es gab drei Möglichkeiten, Panama, und damit Zentralamerika zu erreichen. Die schwierigste und langwierigste Möglichkeit wäre eine Durchquerung des Abschnitts auf dem Landweg. Dann könnte man noch mit den verschiedensten Booten oder Fähren diesen Teil Panamerikas bewältigen. Der schnellste und einfachste Weg wäre ein kurzer Flug von Medellin nach Panama Stadt. Obwohl ich tief in meine Reiskasse greifen musste, entschied ich mich für die „bequemste" Variante, nachdem mir immer wieder gesagt wurde, dass Guerilla-Truppen oben in den Bergen ihr Unwesen treiben. Und das Risiko eines Überfalls oder einer Entführung stand meiner Lust auf Naturerkundung entgegen. Die Dschungeltour war ebenfalls extrem gefährlich und vor allen Dingen zeitaufwändig. Ich lag so gut im Rhythmus der optimalen Jahreszeit, dass ich einfach weiterkommen wollte. Wie dem auch sei: In Medellin angekommen, bekam ich ein schönes Quartier bei einem Radfahrer, den ich auf der Strecke traf. Wir fuhren gemeinsam in seine große Heimatstadt ein. Er ist ein Eierverkäufer und fuhr jeden Tag mit einem großen Handwagen durch die Straßen und versuchte seine Ware an die Frau bzw. den Mann zu bringen. Ich hatte Zeit, meinen Flug nach Panama Stadt zu organisieren. Zu meinem Unglück gab es hier nur eine Gesellschaft, die Panama anflog. Dass die anderen Reisevarianten sehr gefährlich sind, wussten natürlich auch die Leute von der Fluggesellschaft. Das Ticket kostete ein Vermögen. Ich musste tief in meine Reisekasse greifen und ich zahlte widerwillig einen Flugpreis, mit dem ich hätte von Frankfurt nach New York und auch wieder zurück fliegen können. Meine „Else" war schon in einem Pappkarton verschwunden. Ich konnte noch einmal ein paar Stunden an meiner letzten Station dieses Kontinents zur Ruhe kommen. Ich saß in einem kleinen Café und ließ die letzten Monate und die 8000 gestrampelten Kilometer im Kopf abspulen. Was wird mich wohl in Mittelamerika erwarten? Ich konnte es nur ahnen, aber natürlich nicht wissen. Das ist halt Abenteuer.

Am 6. Januar saß ich im Flieger mit Ziel Panama, meinem ersten Mittelamerikastaat - sozusagen die Eröffnung des Reigens der kleinen Ländchen dieser Ecke unserer Erde.

Der Eierverkäufer Carlos war mein Gastgeber in Medellin

Stempelreigen

Durch sechs Länder Mittelamerikas ging die Fahrt. Und gleich beim ersten gab es eine Kuriosität, die ich schon von Equador kannte. Ich brauchte kein Geld zu tauschen, denn die offizielle Währung war auch hier der US-Dollar.

Hitze, hohe Luftfeuchtigkeit und starker Verkehr auf der ausgefahrenen Hauptstraße Nr.1 ließen den Radleralltag zu einer Nervenprobe werden. Jeden Tag blies ein feuchtheißer Wind vom Pazifik her. Selbst wenn ich nachts unter dem Moskitonetz lag, schien es nicht kühler zu werden. Froh war ich, wenn ich bei der Feuerwehr, hier Bomberus genannt, unter einem sich drehenden Deckenventilator liegen oder wenn ich in einer kühlen Kirche nächtigen konnte.

Schon nach vier Tagen musste ich wieder meinen roten Pass aus der Lenkertasche hervorkramen, es gab zwei neue Stempel.

Ich war im Tropenparadies Costa Rica und schwitzte, südlich der Hauptstadt San Jose, an der Pazifikküste entlang - vorbei an Palmen und kleinen Buchten. Mein Magen knurrte etwas und mein erschöpfter Körper zeigte mir an, dass eine Mittagspause längst überfällig war. Ich bog ab in den kleinen Ort Dominical, suchte mir einen mit Palmen umsäumten Strand und wollte mich hier nur für eine Stunde niederlassen. Eine „Meute" junger Leute beobachtete mich aus dem Palmenwald heraus. Unsere Blicke trafen sich, ich lenkte „Else" auf das Lager zu, bestehend aus ein paar Hängematten und einer Feuerstelle. Ein Pärchen aus den USA und ein paar Holländer lagerten schon seit Tagen an dieser romantischen Stelle zwischen Palmen. Wir begrüßten uns wie Freunde. Sie reisten alle durch Zentralamerika und konnten viel erzählen über meine noch zu beradelnden Länder und Gebiete. Die Zeit verging wie im Fluge. Ich blieb einfach sitzen, die Sonne verglühte am Horizont. Matte und Schlafsack unter Palmen ausgerollt, saß ich am Feuer, das ruhig vor sich hin knisterte, und dachte nach,

168

wie „hart" das Leben doch sein kann. „Kommst du morgen mit uns mit?", hörte ich Stan, einen Holländer, fragen, der in seiner Hängematte schaukelte. „Wo soll's denn hingehen?", erkundigte ich mich. „Wir wollen morgen an einem wunderschönen Wasserfall, mitten im Dschungel baden gehen", bekam ich als Antwort. „Warum nicht!" Am anderen Tag, „Else" war in einem kleinen Café untergebracht, bestiegen wir die Pritsche eines Kleintransporters - ein Taxi, wie man mir versicherte - und es ging ein paar Kilometer hoch in den Dschungel, dann ging es zu Fuß ein paar Kilometer auf einem kleinen Pfad weiter. Dann sah ich ihn: einen paradiesisch anmutenden Wasserfall, umgeben vom Grün der Tropen Costa Ricas. Ich zog die vom Marsch völlig durchschwitzten Sachen aus und tauchte in die Fluten.

Eine süße Falle war dies Costa Rica. Ich merkte gar nicht, wie die Zeit verging. Ein Ort zum Hängenbleiben - so kam es mir wieder mal in den Kopf. Doch am nächsten Tag riss ich mich los, verabschiedete mich von meinen „Strandbewohnern".

An der Grenze zu Nicaragua gab's für „Else"
eine „chemische Keule"

Ich näherte mich der Grenze zu Nicaragua und es kam ganz dick. Hier muss jeder mit seinem Fahrzeug durch eine Desinfektionsstation. Ein chemisches Gebräu übersprühte meine „Else", auch sie war ein Fahrzeug und musste sich der Prozedur unterziehen. Da stand sie nun und wurde desinfiziert. War ich froh, dass ich wasserundurchlässige Packtaschen hatte. Ansonsten erschien mir das kleine Land als eines der schönsten im Reigen Zentralamerikas. Es wirkte ursprünglich, strahlte förmlich in seiner Urwüchsigkeit. Auch gab es hier so manches Fahrzeug „Made in GDR", das noch vielerorts im Einsatz war und mich unmissverständlich auf die sozialistische Seite der Geschichte dieses Landes aufmerksam machte. Das war also einmal ein Bruderland der DDR, die auch für 24 Jahre meine Heimat war.

Vorbei am Lago de Nicaragua, einem großen Binnensee, der den Namen des Landes trägt, vorbei an den kolonialen Städten Granada und Leon mit den wunderschönen spanischen Kirchen. Nach nur vier Nächten stand ich an der nächsten Grenze. Diesmal ging es nach Honduras hinein. In einem Versammlungsraum einer Kirche verbrachte ich die einzige Nacht in diesem Land. Über dieses Quartier blieb mir in Erinnerung, dass es keinen Deckenventilator gab, die Luft stickig war und der Morgen mich mit 30°C erwartete. Dementsprechend k.o. ging es zur Grenze des nächsten Staates - nach El Salvador. Als erstes dachte ich an das politische Chaos, das noch in den achtziger Jahren in Mittelamerika herrschte. Guerillas kämpften gegen Staat und Armee, die in vielen Ländern eins zu sein schienen. Heute ist es relativ still. Friedensverträge, zwischen den verfeindeten Parteien ausgehandelt, sollen das Leben regeln. Oftmals sitzt die Kampforganisation von einst ganz oben in den politischen Ämtern, so z.B. die FMLN.

An der Grenze gab es trotz meiner Bedenken keinen Stress, nur zwei neue Stempel.

Als ich an der Straße eine Telefonzelle sah, kam mir der Musiker aus Sydney in den Sinn, der mir eine Adresse in mein Buch schrieb und sich mit den Worten verabschiedet hatte: „Wenn du in meinem Land bist, dann rufe die Nummer meines Freundes an." Und das tat ich dann auch. Es klingelte, eine Männerstimme am anderen Ende machte mir auf schnellem Spanisch klar, dass ich zu ihm, hoch nach San Salvador kommen solle. Etliche Höhenmeter mussten überwunden werden, ehe ich die Hauptstadt zu Gesicht bekam. Dann begann der übliche „Straßenkampf" mit vielem Fragen nach der Adresse. Endlich hatte ich es geschafft, war angekommen und völlig kaputt. Ein freundlicher Mann in mittlerem Alter, mit Bein in Gips, öffnete mir. „Hallo, ich bin Max, komm rein." Dann erfuhr ich von ihm, was sich vor ein paar Tagen hier abspielte, als es wie so oft ein Erdbeben gegeben hatte. „Alles hat gewackelt", erzählte er mir, „das ganze Haus. Das erste, was ich machte, war, den Fernseher auffangen, der vom Schrank fiel", berichtete er weiter, mit Ironie in der Stimme. „Aber in Santa Tecla (New San Salvador) gab es die wahre Katastrophe. Durch das Beben löste sich ein großer Hang und begrub ganze Straßenzüge unter sich."

Wir verabschiedeten uns am nächsten Morgen. Die Sonne begann wie an so vielen Tagen, von keiner Wolke behindert, ihre Bahn. Ich fuhr die 20 km nach Santa Tecla. Alles abgesperrt. Eine eigenartige Stimmung lag über der Stadt, mir wurde mulmig zu Mute. Als ich an den Häusern riesige Risse entdeckte und die vielen eingestürzten Wände sah, wurde mir das ganze Ausmaß des Bebens bewusst. Ganz langsam näherte ich mich dem Ort des Desasters. Auch „Else" schien etwas zu bremsen, so als wenn auch sie Angst vor den schrecklichen Bildern hätte. Die Polizei wies mich zurück, das Gebiet sei für Touristen gesperrt. Ich holte meine Empfehlungsschreiben und meine Mappe mit den Zeitungsartikeln aus aller Welt hervor. Und schon verwandelte sich der Tourist in einen Reisenden, der eine Mission hat. Ich bekam einen Beamten an die Seite und konnte passieren. Die Bilder, die sich mir dann auftaten, kannte ich bisher nur aus dem Fernsehen, daheim im fernen Deutschland. Fast 1000 Menschen fanden den Tod in den Trümmern. Alles, was hier mal stand, begrub die Erde unter sich. Autos sahen aus wie zerschnittene Metallkugeln. Schallplatten, Spielzeug, Textilien, Möbel - alles nur erahnbar. Der Tod war allgegenwärtig. Armeeangehörige, bewaffnet mit Atemschutzmasken und Handschuhen, kämpften sich Meter um Meter durch dieses Chaos aus Erde und menschlichem Leid.

Mit zitternden Knien verließ ich die Szene des Schreckens. Wie schnell doch ein Menschenleben beendet sein kann. Viele Menschen hatten alles Hab und Gut verloren, „nur" das nackte Leben war ihnen geblieben. Zeltlager, aufgebaut von Hilfsorganisationen, standen in der Stadt, um die vielen Obdachlosen aufzunehmen. Eins davon besuchte ich. Auf einem großen Sportplatz waren weiße Zelte in Reih und Glied aufgebaut, erinnerten an ein Armeefeldlager. Kinder spielten, Leute saßen vor den Zelten, unterhielten sich oder spielten Karten. Ich blickte in die Gesichter der Betroffenen. Was ich hier sah, war keine Verzweiflung sondern eine Art von Gelassenheit, wie ich sie aus deutschen Landen nicht gewöhnt war. Das gab auch mir Mut. Ich setzte meine Fahrt fort und rollte zurück, runter aus den Bergen El Salvadors, hinunter zur Hauptstraße, der Panamerikana.

Ein paar Kilometer vor der Grenze zu Guatemala rastete ich noch einmal in diesem sympathischen kleinen Ländchen. Lange schwirrten mir die Bilder des Tages im Kopf herum, ließen mich nicht einschlafen, bis die Müdigkeit siegte.

Am nächsten Morgen lief alles ab wie gehabt: Zwei neue Stempel zierten meinen Pass. Ich war in Guatemala. Die Räder rollten vorbei an großen Fincas (Grundstücke). Riesige Vulkane grüßten aus der Ferne. Wieder mal ging es in die Höhe. Weit über 1000 Höhenmeter entfernt lag die Hauptstadt Guatemala Stadt, mein Ziel. Wollte ich wirklich in den Mix aus unendlich vielen Häusern und in das Verkehrschaos? Ja, ich wollte. Also los ging's. Am Straßenrand entdeckte ich einen Stand mit Kokosnüssen.

Kinder eines Kindergartens umringten mich hier in Guatemala

Ich ließ mir eine frische Nuss öffnen, trank den köstlichen Saft gierig und dachte an die nächsten Kilometer. Noch zwei, drei Bananen als Energiespender und die Fahrt konnte weitergehen. Nach ein paar Stunden war es vollbracht. Ich war im Chaos, kämpfte mich zur Altstadt durch und war enttäuscht. Der überwältigende Eindruck, im Reiseführer beschrieben, blieb mir verborgen. War ich etwa schon übersättigt und zu voll mit Erlebnissen der letzten Monate, die ich fast durchgängig mit dem Reisen verbracht hatte? Mir gefiel diese Stadt nicht. Bei der Heilsarmee bekam ich ein schönes, kostenloses Plätzchen für die Nacht. Ein netter Pfarrer wies mir einen leeren Raum für mich und meinen Schlafsack zu. Ich war etwas ausgesöhnt.

Am nächsten Tag wechselte ich das Gefährt, bestieg einen guatemaltekischen Reisebus. Er sollte mich in das 500 km entfernte, nördlich liegende Tikal bringen. Das gleichmäßige Schackern des überladenen Busses ließ mich schnell einschlafen. Nur das Quietschen der Bremsen riss mich für Sekunden aus der Schlafphase. Es dämmerte schon, als ich an meinem Ziel ankam. Raus in die Morgenkühle, ein Taxi gesucht und schon ging es weiter. Dann näherte ich mich zu Fuß dem Dschungel. Als die Sonne gerade über dem Horizont erschien, sah ich sie: Stolz und unbeschreiblich schön ragten die Zeugnisse einer nicht mehr existierenden Kultur aus dem Wald. Diese Stätte der Majas fesselte mich vom ersten Augenblick an. Dazu kam die mystische Atmosphäre des Dschungels. Nur manchmal stritten sich ein paar Affen in den Baumwipfeln und zerrissen die relative Ruhe des Ortes. Mehrere Stunden ging ich von Gebäude zu Gebäude und ließ die Stimmung auf mich wirken, jeden Augenblick genießend. Dann fuhr mich der Bus zurück in die laute Wirklichkeit der Großstadt. Hier wartete „Else" bei der Heilsarmee auf mich. Ich bereitete sie auf die Weiterreise vor und machte mich auf den Weg durch die Berge mit ihren enormen Steigungen in Richtung Mexiko. Einige Tage rastete ich in der sehr touristischen Stadt Antigua, fuhr am sehr schönen Atitlan See entlang. Dann hatte mich die Hauptstraße, die Panamerikana, wieder.

An einer mobilen „Eisdiele"

Mexiko

Mexiko begrüßte mich heiß und windig und verabschiedete sich kühl und mit drei Gewehrläufen, die auf mich gerichtet waren.

Aber alles der Reihe nach.

An der Grenze gab es keine Probleme, nur einen strengen Blick vom Beamten. Dann war ich im Land des VW-Käfers, des Tequilas und der Tempel. Gleich in meiner ersten Nacht, ich zeltete auf einem Grundstück, wurde es stürmisch. Der heiße Wind pfiff mir um die Ohren, Teile meines Geschirrs wurden vom Tisch gerissen. In dieser Nacht kam ich nicht zur Ruhe. Der Sturm unterhielt mich mit tosendem Krach. Früh am Morgen hatte sich die Wetterlage nicht verbessert, der Wind fauchte mit unverminderter Geschwindigkeit über die Hügel. Trotzdem versuchte ich zu radeln. Die flache Straße bot keinen Schutz vor den seitlichen Böen, ich brauchte die ganze Straßenbreite zum Fahren. Autos und LKWs trauten sich nicht, mich zu überholen. Schließlich gab ich auf und schonte mein Rad. Die Straße zweigte in Richtung Golf von Mexiko ab. Jetzt schob ich „Else" frontal gegen den Wind. Wenn die Böen gar zu stark wurden, musste ich anhalten. Als ein Dorf in Sicht kam, atmete ich auf und rettete mich in ein kleines Geschäft. Drinnen saß eine korpulente Frau und fragte: „Was willst du?" Ich ließ mir eine Cola und Kekse geben und wollte von ihr wissen, ob dieser Wind normal sei. „Ja, um diese Jahreszeit ist das völlig normal", war ihre entmutigende Antwort. Ein Blick auf meine Karte verriet mir, dass es noch ca. 200 km bis zum Golf von Mexiko waren. Ich rechnete mir die Zeit aus, die ich schiebend dafür benötigte - und bekam weiche Knie bei dem Gedanken daran. Am liebsten hätte ich den kleinen Laden nicht verlassen. Dann stellte ich mich wieder dem Wind. Eine Hügelkette erlaubte mir ein paar hundert Meter zu fahren. Dann fing es an zu regnen, als das Wunder geschah: Der Sturm legte sich. Am Abend konnte ich im Trockenen bei zwei alten Indiofrauen

Quartier aufschlagen. Sie bewirteten mich mit Fladenbroten und lächelten. Dankbar lächelte ich zurück. Der Regen trommelte auf das Blechdach.

Am nächsten Abend lag ich schon oben am See Catemaco. Der Vollmond spiegelte sich wie eine Silbersäule im Wasser. Kein Lüftchen regte sich. Der Kampf mit den Naturgewalten kam mir jetzt wie ein nie da gewesener Traum vor.

Queretaro, San Luis Potosi und Zacatecas hießen die nächsten großen Städte auf meiner Route. Ich kurbelte so vor mich hin, schon etwas in Gedanken versunken, als es wieder zischte. Es war mein dritter „Platter" an diesem Tag. „Else" fuhr sich wie ein Pudding, sie „wabbelte" sich über den Asphalt, dann hämmerten die ersten Steine gegen die Felge. Höchste Zeit zum Absteigen. Glück im Unglück nennt man das wohl: Ich konnte auf einem Haus in der Nähe das Wort „Vulcanisadora" entziffern. Es war eine der vielen Reifenflickstuben Mexikos. Hier stand ich dann mit dem Tagesplatten Nr.3. Ein älterer Mann lächelte freundlich und bat mich hinein. Er flickte alle Löcher meines Reifens, auch die in den Reserveschläuchen fachmännisch mit seiner Presse und selbst geschnittenen Gummiflicken. Nach getaner Arbeit ging es weiter, mit der beruhigenden Gewissheit, wieder ein komplettes Sortiment an Ersatzschläuchen zu besitzen.

Die Tage verflogen und ehe ich mich versah, hatte ich die Tempelanlagen am Meer, z.B. die von El Tajin, hinter mir. Die Prämaja-Kultur der Totonaken hatte mich beeindruckt.

Wieder ging es die Berge hoch, diesmal in das zentrale Hochland, nach Mexiko-Stadt. Die erste Nacht in den Bergen war verdammt kalt. Ich fand ein kleines Haus oben auf 2000 m, wo ich auch von menschlicher Wärme umgeben war. Tagsüber wurde es hier oben angenehm warm in diesem Februar des Jahres 2001. Da war dann noch der kalte Morgen, an dem ich mich schon sehr zeitig aus meinem kuschelig warmen Schlafsack quälte, kurz vor Mexiko-Stadt. Da standen sie, die Pyramiden von Teotihuacan. Vor der größten, der Sonnenpyramide, blieb ich stehen, stand im Schatten eines riesigen Kolosses. Die Sonne leuchtete auf der flachen Spitze des mystischen Giganten aus Stein, schien sich von der Pyramide abzuheben. Was für ein Augenblick! Das frühe Aufstehen hatte sich gelohnt. Da stand ich nun mitten in einem Stück Geschichte. Schon 800 v.Chr. sollen hier Menschen gesiedelt haben, die Azteken lebten zwischen dem 11. und 14. Jh. hier. Die Mondpyramide glänzte in der Morgensonne. Viel hatte ich über Teotihuacan gehört und gelesen. Jetzt war ich hier und konnte es kaum begreifen. Fast den ganzen Tag verbrachte ich an diesem Ort und ließ ihn einfach auf mich wirken. Erst am späten Nachmittag setzte ich mich wieder in Bewegung. Mit meiner treuen „Else" ging es der 18-Mio.-Metropole Mexiko-Stadt entgegen. Ich wollte nicht bis zum Zentrum vordringen, nur bis zur Straße nach Norden.

Es wurde quirlig, als ich mich dem Stadtrand näherte. Die Blechlawine schien mich verschlingen zu wollen. Der typische Gestank aus Abgasen lag in der Luft und erschwerte das Atmen. Ich trat in die Pedalen, was das Zeug hielt, um der Situation zu entkommen. Ich kämpfte viele Stunden, bis ich aus der Stadt raus und dem Horror entkommen war. Erst am nächsten Tag war von dem Gedränge der Autos nichts mehr zu spüren, eine ruhigere Straße führte schnurgerade nach Norden. Gleichmäßig war das Auf und Ab der Pedalen, sonnig und angenehm dieser Tag meiner Abenteuerreise. Am Abend erwartete mich San Luis Potosi, eine große Stadt, in der allerlei schöne Gebäude auf meine Entdeckung warteten. Wo aber sollte ich übernachten? Nach etwas Suchen bekam ich ein Bett und Essen bei den örtlichen Bomberos, das ist die Feuerwehr. Zufrieden und satt schlief ich ein.

Die Stadt faszinierte mich gleich früh am Morgen mit ihren alten spanischen Häusern. Die Sonne wärmte angenehm. Ich genoss den Augenblick, bevor ich mich wieder auf Reisen begab.

Jetzt schien es, als ob hier oben im Norden dieses großen Landes kaum noch eine Menschenseele wohnt. Wenig Verkehr, ab und zu ein kleines Dorf, ganz selten eine winzige Stadt bedeuteten schöne, ruhige Nachtlager. Oft knisterte ein Feuer und ließ die uralten Kakteen im Feuerschein tanzen, so als wären sie lebende Kreaturen.

Dann lernte ich die Leute von „Pico Largo" kennen, einem Familienbetrieb, der sich auf das Trocknen von allem Essbaren spezialisiert hatte. Gedorrt wurde vom Fleisch bis zum Apfel alles. Im Hof des großen Anwesens liefen kräftige, eigenartig gestutzte Hähne herum. „Das sind Kampfhähne", erklärte mir ein älterer Herr, der Chef des Unternehmens, „ein populärer, aber unblutiger Sport", versicherte er mir, „die Hähne bekommen kleine ‚Boxhandschuhe' an die Sporen." Er lächelte und hielt mir zwei dieser Lederbällchen vor die Nase. Dann schwärmte er mir vom Cooper Canyon (Kupfer Canyon) vor, den ich unbedingt besichtigen sollte. Der wäre größer als der Grand Canyon in Arizona. Naja, vielleicht nicht so tief, aber viel größer, teilte er mir mit stolzem Lächeln mit. Es folgten jede Menge Telefonate, bis man mich zu einer Kreuzung fuhr. Als ein kleiner LKW kam, machte ich es mir auf der Ladefläche, hinter herunterhängender Plane, bequem. „Else" wartete bei den „Pico-Largo-Leuten" auf mich, ich hatte mich nur mit Schlafsack, Dämmmatte und Zahnbürste auf den Weg gemacht, um die Nacht irgendwo am Cooper Canyon zu campieren. Die Luft war kalt und es stank widerlich nach Abgasen. Der Sog des LKW zog immer die Produkte des alten Verbrennungsmotors in den Laderaum, in dem übrigens Lebensmittel standen. Ich musste mir ein Tuch um den Mund binden. So wurde ich stundenlang über eine schlechte Straße geschaukelt, vorbei an kleinen Indiodörfern. Endstation, wir waren da. Meine zwei Fahrer brachten Nachschub für das Hotel „Divisadero Barrancas" - oder so ähnlich. Eine Nobelherberge, in der gut betuchte US-Amerikaner hinter Glas, mit Blick auf den Canyon, sicher vom großen Abenteuer träumten. Es dämmerte schon. Unweit des Hotels fand ich an der Kante des Canyons eine flache Stelle zum Übernachten, rollte mich in den warmen Schlafsack und schaute hinunter in das Meisterwerk von Mutter Natur. Der Wind pfiff kalt und kündigte eine eisige Nacht an.

Vor Sonnenaufgang wachte ich auf in der Hoffnung, ein paar schöne Bilder vom Canyon in der aufgehenden Sonne zu schießen. Es sollte nicht sein, alles hing voller Wolken. Meine beiden Fahrer, die übrigens Mario und Richard hießen, winkten mich schon acht Uhr zum LKW. Da ihre Mission beendet war, ging die Reise zurück. Diesmal rutschten sie vorn zusammen und ich konnte bei ihnen im Fahrerhaus sitzen. So endete mein Ausflug zum Cooper Canyon durchgeschüttelt, aber weniger anstrengend. „Else" wurde gesattelt und weiter ging es durch die Sierra Madre. Auf dem Weg nach Arizona gab es dann noch so manches Erlebnis.

Der Winter überraschte mich an einem Vormittag. Alles war im Nu weiß. Der Schnee kam in dicken Flocken. Dann brach das Ende meines Hinterradschutzbleches. Nicht wegen Altersschwäche, nicht wegen eines Steines, nein, ein Hund kam aus einem Hof gerannt und verbiss sich mit ganzer Kraft in den Kunststoff.

Am letzten Abend in Mexiko, der Tag neigte sich langsam dem Ende, kam es dann ganz dick. Die Straße führte genau an der Grenze zu Arizona entlang, man konnte praktisch schon hinüberschauen. Ich wunderte mich über den Stacheldraht rechts und links der Straße und über gut verschlossene Stahltore bzw. viele Vorhängeschlösser an den anderen Toren. Alles war vom gleichen Typ - unüblich für Mexiko. Dann entdeckte ich auf der Arizona zugewandten Seite ein Loch im Stacheldraht, gerade groß genug für „Else" und mich. Ich schob meinen Drahtesel hindurch und wurde von aufgeregtem Geschrei überrascht. Vier Männer kamen unter einer Brücke, die wahrscheinlich ihr Unterschlupf oder Postenstandort war, auf mich zu gestürzt. Drei von ihnen waren mit Gewehren ausgerüstet. „Nicht noch ein Überfall!", schoss es mir durch den Kopf. Der Mann ohne Waffe wollte mich überwältigen. Schnell hatte ich mein CS-Gasspray zur Hand und ihm eine Ladung ins Gesicht gesprüht. Ich nutzte die Schrecksekunde, riss mich los und rannte, unbeeindruckt von den Gewehren, die auf mich gerichtet waren, auf die Straße zurück. Ich schrie um Hilfe, wollte einen Laster anhalten, fuchtelte wie wild mit meinen Armen, um auf mich aufmerksam zu machen. Die Männer riefen etwas in Spanisch hinter mir her. Es dauerte ein ganze Weile, bis ich verstand, was sie mir sagen wollten: „Wir sind Soldaten." Keine Banditen wie in Equador! Erleichtert brach ich meine „Rettungsaktion" ab und lief auf „Else" zu. In der linken Vorderradtasche steckten meine Empfehlungsschreiben, auch das von der deutschen Botschaft in Santiago. Der Ordner war schnell ans Tageslicht befördert, die richtige Seite gefunden. Ich zeigte den Männern das offizielle Schreiben. Beruhigt ließen sie mich des Wegs ziehen. Ein paar Kilometer weiter fand ich dann das ersehnte Plätzchen für die Nacht. Ich saß vor meinem Zelt, das Teewasser kochte und die Sterne funkelten am Firmament. Noch lange beschäftigte mich dieses dramatische Ereignis an der Grenze zu den USA. Meine letzte Nacht im Land des Tequila war friedlich.

Cowboyland

„Entschuldigen Sie, Sir. Ich komme gerade aus Mexiko und habe dort bei der Ausreise keinen Stempel bekommen. Ich habe gar keinen Grenzposten gefunden", so versuchte ich, ganz bescheiden, am amerikanischen Zoll gleich hinter dem kleinen Ort Douglas vorbeizukommen. Der Beamte baute sich vor mir auf: „Du bist hier auf dem Territorium der USA, nicht in Mexiko. Was dort gemacht wird, geht mich nichts an." - „Na dann, willkommen im Land der Cowboys", dachte ich...

Arizona, der Südwesten, lag vor mir. Das war mir nicht mehr ganz so fremd. Hier war ich schon mit meinem Freund Steffen im Oktober 1994 geradelt. Unsere damalige ganz bescheidene Strecke ging von Denver in Colorado bis nach Los Angeles und dauerte nur drei Wochen. In dieser kurzen Zeit „hetzten" wir durch drei Bundesstaaten. Ich schwor mir damals, diese Strecke beim nächsten Mal ruhiger anzugehen und alles mehr zu genießen. Jetzt wurde mein Traum Wirklichkeit. Noch zwei Tage bis Tucson, einer 700 000-Menschen-Stadt. Dort wollte ich meine treue „Else" generalüberholen. Sie „kränkelte" schon seit etwa 2000 km mit einer gebrochenen Hinterradnabe. Zum dritten Mal war mir der Nabenkörper gebrochen und zwei Speichen hingen in der Luft. Ich richtete die Felge nur notdürftig aus, weil ich einfach keine Lust und nicht die Nerven hatte, diese Nabe schon wieder zu wechseln. Aber auch so war mein Drahtesel mächtig heruntergekommen: Die Reifen hatten kein Profil mehr, die Bremsgummis waren verbraucht, der Bowdenzug angerissen, ...

Ich fand einen riesigen Fahrradladen. Auf zwei Etagen konnte man alles bekommen, was das Radlerherz begehrt. Der Chef, ein junger radbegeisterter Mann, lud mich in seine Werkstatt ein. Hier konnte ich mich so richtig austoben und meinen Fahrradmechanikerberuf ausleben. Kurz nach 20 Uhr, das Geschäft wollte schließen, musste ich die tolle Werkstatt verlassen. Alles war geschafft. „Elses" Felge blitzte neu, auch die Nabe war gewechselt. Dank der neuen Bremsgummis konnte jede steile Abfahrt kommen, ich war gerüstet.

Die Wüste von Arizona zeigte sich von ihrer schönsten und angenehmsten Seite. Der wenige Regen des Winters reichte, um sie in ein blühendes Paradies zu verwandeln. Ich zog gen Norden, umfuhr die Metropole Phoenix und sah mir das erste National Monument an, den kleinen Tonto-Nationalpark mit indianischen Zeugnissen der Vergangenheit. Ich befand mich immer noch im ehemaligen Gebiet der Puablo Indianer, das sich vom Norden Mexikos bis nach Colorado, USA, zieht. Diese Ureinwohner lebten oft in Steinhäusern, die sie wie kleine Schwalbennester in die Felswände bauten. Das war faszinierend anzusehen. Ein Ranger gesellte sich zu mir, fragte nach dem Woher und Wohin. Bescheiden fing ich meine Geschichte an zu erzählen. Ich hatte einen aufmerksamen Zuhörer, der andächtig mit großen Augen lauschte und ganz begeistert von meinen Erlebnissen war.

Das ganze Team überreichte mir dann voller Stolz als Auszeichnung den „Nationalparkpass", eine kleine Plastikkarte, die mir für ein Jahr lang jeden Nationalpark der USA kostenlos zugänglich machte. Ich fühlte mich wirklich geehrt und hatte dazu noch 50 $ gespart. Jetzt eröffneten sich für mich ganz andere Reiseziele: Grand Canyon, Mesa Verde, Yosemite, Red Wood, Olympic Nationalpark usw. Fröhlich zog ich durch die blühende Wüste Arizonas.

In irgendeinem „Nest" checkte ich wieder mal meinen Internetzugang. Eine Nachricht von Steffen und Katrin haute mich um. Ich las alles zweimal. Doch da stand tatsächlich: „Wir kommen am 17.04.01 am Flughafen San Francisco an. Bitte hole uns dort ab." Das war sehr erfreulich. Zwei Freunde haben sich für drei Wochen Zeit genommen, sie „besuchen" mich, um ein Stück gemeinsam mit mir auf den Straßen des Abenteuers zu radeln.

Es war noch ein Monat Zeit bis zum Treffen - genug, um mich in den Wüsten Arizonas und Nevadas auszutoben. Ich fuhr hoch zum Rand des berühmten Grand Canyon. In 2200 m Höhe war es noch kalt, besonders nachts. Mit -8°C kämpfte sogar mein Schlafsack. Zeitig, vor Sonnenaufgang, ging es raus und ich konnte das Schauspiel von Mutter Natur bewundern, den Sonnenaufgang. Schon 1994, bei meiner ersten Tour durch dieses Gebiet, war ich fasziniert von der Aussicht. Durch den Canyon hindurch schlängelte sich der Colorado River wie ein Minirinnsal.

Ich durchquerte zwei Mal das größte Indianerreservat, das der Navajos. Eigentlich wollen diese Ureinwohner - verständlicherweise - nichts mit dem Weißen Mann zu tun haben, aber ich, mit meinem Fahrrad, hatte vielleicht mehr Chancen und die wollte ich dann auch nutzen. Für meine Ausdauer wurde ich auch belohnt, konnte mehrmals Kontakt mit den Navajos aufnehmen. Einmal wurde ich zum Frühstück eingeladen, ein anderes Mal saß ich mit dem Sohn des Medizinmannes zusammen vor meinem Zelt und er erzählte mir Geschichten voller Weisheit und Erfahrung. Aufmerksam lauschte ich seinen Erzählungen und bekam ein Medicine Weel (Medizin-Rad) mit auf den Weg. „Das wird dich vor Krankheiten und bösen Geistern schützen", sagte dieser weise junge Mann zum Abschied.

Der März neigte sich seinem Ende zu. Ich stellte fest, dass es mit jedem Tag trockener und wärmer wurde. Meine Fahrtrichtung pegelte sich endgültig auf West ein. Vor mir lagen noch rund 2000 km. Ich querte den riesigen Stausee Lake Powell, ganz im Süden von Utah, und bog auf den Highway Nr.15 ein, der schnurstracks zum Silverstate Nevada führt, die Hauptstadt lag „gleich um die Ecke".

An einem späten Nachmittag tauchte Las Vegas vor mir auf, diese mit dem angestauten Wasser des Colorado künstlich am Leben erhaltene Metropole mit dem amerikanischen Glanz und Glamour. In die Stadt hineinzufahren, machte zu dieser Tageszeit keinen Sinn. Also begann ich am Stadtrand einen Platz für mein Zelt zu suchen. Ein kräftiger Mann werkelte in einem Garten. Ihn fragte ich, ob es möglich wäre hier mein Zelt aufzubauen. „Es ist auch nur für eine Nacht. Ich benötige auch nichts weiter als ein bisschen Wasser. Ich will mir die Stadt ansehen und morgen weiter in Richtung San Francisco." Seiner ungläubigen Miene konnte ich entnehmen, dass er mir nicht so recht glaubte. „Moment, ich spreche das mit meiner Frau ab." Er verschwand im Haus, kam nach wenigen Minuten wieder und ich hatte einen schönen Platz für die Nacht, außerdem noch eine warme Dusche und ein gutes Abendessen im Haus. Was will ein Vagabund mehr?

Früh am Morgen, ich näherte mich dem Zentrum von Las Vegas, sah den TV-Turm und dann lag sie vor mir, die berühmte Flaniermeile, voll mit hunderten Amerikanern und Touristen aus aller Welt. Ein Hotel reihte sich ans andere, davor protzten Spielcasinos und die aus Pappe und Stahl nachgebauten Städte wie Paris und New York. Selbst die ägyptischen Pyramiden waren zu sehen. An der Anzahl der Heiratsagenturen gemessen, muss es unendlich viele Paare geben, die sich ausgerechnet hier ihr Ja-Wort geben wollen. Es soll ja für viele der Traum schlechthin sein. Für mich hatte dieses ganze Showgehabe etwas Abstoßendes an sich. Diese Stadt spiegelt für meinen Geschmack wenig Geist, Kultur und kaum etwas von der Gesellschaft des großen Landes wider. Also suchte ich die andere Seite der Medaille und wurde bald fündig. Etwas abseits der großen Vergnügungen sah ich Menschen, die weit entfernt waren vom Reichtum der Stadt: Obdachlose, ihre Habseligkeiten in einem Einkaufwagen vor sich herschiebend, manchmal stark betrunken - die Verlierer von Las Vegas und dieser Gesellschaft.

Eigentlich war ich froh am anderen Tag auf meiner „Else" wieder allein durch die Wüste von Nevada zu kurbeln. Ich genoss die Stille, die solche Einöde immer zu bieten hat. Die Grenze zu Kalifornien war passiert, ich schoss hinunter zum tiefsten Punkt der Vereinigten Staaten, zum 85 m unter dem Meeresspiegel liegenden Death Valley (Tal des Todes). Ein riesiger Salzsee, auf dem sogar Steine auf mysteriöse Weise wandern sollen, lag vor mir. Temperaturen von über 55°C sollen hier im Sommer keine Seltenheit sein. Aber es war erst Anfang April, die Temperatur am Mittag maß ich bei 34°C. Alles noch im „grünen Bereich". Und nur zwei Tagesreisen entfernt war es schon wieder kalt, und zwar so eisig wie noch nie auf dieser Reise. Mit -12°C erreichte ich an der Ostseite der Sierra Nevada auf 2500 m Höhe meine kälteste Nacht. Dazu blies ein frischer Wind, die gefühlte Temperatur lag also noch weit unter der tatsächlichen. Beim Abendbrotzubereiten zitterte jeder einzelne Teil meines Körpers, unbeschreiblich.

Warum ich dort oben - an der Ostseite der Sierra Nevada - herumkurbelte und mir die Strapazen antat, hatte natürlich seinen Grund. Ich wollte in den berühmten Yosemite-Nationalpark, dorthin, wo sich die Bergsteiger bzw. Sport-kletterer im Sommer an den Wänden des El Capitan oder Half Dome „die Finger lang ziehen". Doch dieses wunder-schöne, von der Eiszeit geformte Yosemite-Tal lag auf der anderen Seite der Sierra Nevada. Nur über den Tioga-Pass gab es einen direkten Zugang, ohne dass ich einen Umweg von mehreren hundert Kilometern machen musste. Pech, der 3000 m hohe Pass war gesperrt und nur die Straße hin-auf war von Osten her geräumt. Ich wagte trotzdem einen Versuch, schmuggelte mich an dem Schlagbaum vorbei, grüßte auf dem Weg nach oben schnaufend die Bauarbeiter, die Reparaturen an der Straße durchführten, und stand schließlich am Eingang zum Nationalpark. Hinter der nicht besetzten Hütte und dem Schlagbaum fing der Winter an, d.h. vor mir sah ich die Straße unter einer meterdicken Schneeschicht verschwinden. Ich schob „Else" hinauf und konnte feststellen, dass der Schnee schon ziemlich alt war und uns beide sicherlich tragen würde. Meistens schob ich meinen Drahtesel hinunter ins Tal. Ich sah unterhalb drei

Skifahrer, schnell kamen sie näher, lachten und konnten nicht begreifen, dass es so weit oben einen Fahrradfahrer gab, der sich einsam durch den Wald kämpfte. Es dämmerte und kam noch besser. An einer Hütte entdeckte ich abgestellte Ski, also war sie besetzt. Noch etliche Meter entfernt, wurde ich von drei Männern entdeckt, die es ebenfalls nicht fassen konnten, dass hier ein „Verrückter" per Rad unterwegs war. Sie ließen den ganzen Abend nicht locker. Immer wieder musste ich Geschichten meiner Reise zum Besten geben. Mit staunenden Augen hörten sie mir andächtig zu.

Am Morgen zog unser Zweierteam, „Else" und ich, weiter gen Westen, weiter runter ins Yosemite-Tal. Ich konnte schon den Half Dome im Dunst der Wolken erkennen, ein markanter Felsen, der an eine riesige Jurte erinnert, die nur noch zur Hälfte steht. Ich verließ die relativ sichere Straße, auf der noch immer reichlich Schnee lag, und bog auf einen kaum zu erkennenden Pfad ein. Nur ein Schild gab die Richtung an: Yosemite-Tal, 8 ½ Meilen. „Eine gute Abkürzung", dachte ich mir. Doch auf der dicken Schneedecke verlor ich den Weg. Nur so ungefähr konnte ich die Richtung anpeilen. Kein Mensch weit und breit, den ich hätte fragen können. Ich war auf dem extrem steilen Weg nach unten vollkommen allein. Hoffentlich war ich richtig, dazu kam noch ein dicker Nebel, der mir die Sicht versperrte. Hier wieder hoch - ein Ding der Unmöglichkeit. Zu schwer war mein Reisevehikel. Ich stolperte über eine Wurzel, verlor die Kontrolle, purzelte über Steine und Schneewehe ein paar Meter runter. Doch plötzlich sah ich einen Pfad. Blieb die Frage: rechts oder links? Intuitiv entschied ich mich für die linke Richtung. Nach ein paar Metern konnte ich jetzt wieder weit ins Tal schauen. Es dämmerte. War ich schon so lange unterwegs? Der Tag war verflogen wie nichts. Ein kleiner Felsvorsprung links des kleinen Pfades bot sich als Nachtlager an. Ich richtete mich ein, so gut es ging, rollte meine Iso-Matte und den Schlafsack aus. Im einsetzenden Nieselregen hatte ich so einen guten Schutz. Das Teewasser kochte und ganz langsam wandelte sich die Aufregung des Tages in die Ruhe der Nacht.

Am anderen Tag: Regen, den ganzen Tag Regen! Zitternd sah ich mir das wunderschöne Kunstwerk der Natur an: Felsen, Wasserfälle und ehrwürdig alter, schöner Wald. Viele Touristen taten es mir gleich. Ich suchte mir für die Nacht das Camp 4 zum Zelten aus, Ehrensache. Im Sommer ist dieser Zeltplatz voll besetzt mit Kletterern aus aller Welt - allerdings nur im Sommer, wenn es hier schön warm ist. Heute war ich fast allein, kochte meine Suppe, schloss alle Lebensmittel in riesige Stahlbehälter, die sich hier für Touristen befanden, ein. Es soll hier viele hungrige Schwarzbären geben, die vor nichts zurückschrecken, um etwas Essbares zu ergattern. Es regnete immer noch. Beim Essen träumte ich vom sonnigen Kalifornien, das sich mir zurzeit eher wie der Norden von Kanada präsentierte.

Früh am Morgen, ich zog vorsichtig den Reißverschluss meiner Behausung auf, fiel mir die weiße „Pracht" entgegen. Eine 20 cm dicke Pappschneeschicht lag über das ganze Lager ausgebreitet. Jetzt reichte es mir. Mit klammen Fingern stopfte ich meine Sachen eilig in die Packtaschen und floh in Richtung San Francisco.

Hier im „Camp 4" im Yosemite-Nationalpark überraschte mich noch einmal der Winter

Verhaftet

Ungeduldig wartete ich in der Empfangshalle des internationalen Flughafens, der weit draußen, außerhalb von San Francisco lag. Die große Tür öffnete sich, viele Passagiere strömten heraus. Keine Katrin, kein Steffen aus der Heimat. Warten kann aufregend sein, erst recht, wenn man sich schon so lange auf ein Treffen freut. Ein zweites Mal öffnet sich die Tür. Bingo. Beide standen freudestrahlend, wenn auch ein wenig müde, vor mir. Alle Packtaschen waren auf dem Band, wurden eilig heruntergenommen. Jetzt fehlten nur noch die Fahrräder. Doch kein Rad war weit und breit zu sehen. Mehrere Stunden sollten vergehen, ehe wir technisch komplett waren. Wer weiß, in welchen Teil der Welt die beiden Drahtesel auf Reisen geschickt wurden. Na ja, das kannte ich schon aus Südamerika, als sich meine treue „Else" selbstständig gemacht hatte. Es war schon lange dunkel, als sich die Räder endlich einfanden - bereit für drei gemeinsame Wochen, in denen wir an der Westküste auf dem Weg zum Bundesstaat Washington kurbeln wollten.

Zuerst ging es in die City. Wir rollten durch die dunkle Nacht, durch Wohnviertel, die nicht zu den reichsten gehörten. Menschen mit schwarzer Hautfarbe sahen uns mit ihren weißen Augen im Schein der Laternen nach. Schnell waren die Umdrehungen unserer Kurbeln. Vor uns lag das Lichtermeer der Innenstadt, down town würden die Einheimischen sagen. Ein kleines, altes Reihenhaus wartete auf uns. Studenten, die ich mal unterwegs getroffen hatte, wohnten hier. Auf dem Küchenboden rollten wir unsere Schlafsäcke aus. Tief und fest verschliefen wir fast den Morgen. Einen Tag gönnten wir uns für die Stadtbesichtigung, obwohl die Zeit kostbar geworden war für den gemeinsamen Streckenabschnitt von ca. 1500 km. Alcatraz, die berüchtigte Gefangeneninsel, Fishermans Warf, ein zur Touristenmeile umgebautes Hafengelände, Chinatown, die berühmte Kabelbahn und vieles mehr wollte von uns entdeckt werden. Doch die ehrwürdige Golden-Gate-Brücke hoben wir uns für den nächsten Tag auf.

Es ging los durch die Stadt, die schon so manches Erdbeben überstehen musste. Dann ragte sie vor uns auf: Reichlich sechzig Jahre überspannte der Koloss aus Stahl die Einfahrt zur Bucht von San Francisco. Und genau hier, vor dem Wahrzeichen der Stadt, vollendete ich den 80 000sten Kilometer meiner Reise um den Globus.

Genau 80 000 km alt war meine Megatour an der Golden-Gate-Brücke in San Francisco

Wir fuhren hinüber, der Anfang war getan. Auf der Küstenstraße Nr.1 ging es ähnlich einer Achterbahn rauf und runter durch den Norden Kaliforniens. Und genau so launisch und wechselhaft wie diese Landschaft am Pazifik, genau so verhielt sich das Wetter: Mal gab es Sonne, ein paar Stunden später schüttete es wie aus Eimern. Mal hatten wir eine exzellente Fernsicht und wenig später wurden wir in dichten Nebel gehüllt. Langsam gewöhnten sich meine beiden Mitstreiter an den körperlichen Stress. Katrin flüchtete nicht mehr bei jeder Pause in den Schlaf und bei Steffen ließen die Kniebeschwerden nach.

Eines Morgens wurde der schönen Zeit ein jähes Ende gesetzt. Es war noch früh am Morgen, die beiden packten wie immer etwas länger an ihren Rädern, bis alles verstaut war, wartete ich schmunzelnd. Ich hatte für alles und jedes einen festen Platz, aber auch jede Menge Übung. „Ich gehe schon mal rüber zur Tankstelle. Mein Sprit ist alle. Wenn wir heute Abend kochen wollen, muss ich die Flaschen auffüllen", informierte ich Steffen. Also trottete ich hinüber, stellte „Else" ab, kramte meine beiden Flaschen hervor und betrat den kleinen Tante-Emma-Laden. Eine alte, mies gelaunte Dame fauchte mich an: „Was willst du?" Mein Stimmungsbarometer rutschte gegen null. „Ich benötige Benzin", antwortete ich mit erzwungenem Lächeln, hielt ihr die zwei Flaschen hin. „Das ist gegen das Gesetz", maulte sie. Ich blieb hartnäckig, bestand auf meine Bestellung. „Du hast für mindestens fünf Dollar zu tanken!", gab sie mir als Antwort. Ich öffnete meinen Geldsack, zog einen Fünfer hervor, knallte das Geld auf den Tresen, ging raus zu den Zapfsäulen und füllte die wertvolle Flüssigkeit in die Aluflaschen. Und wieder im Laden: die absolute Ruhe. Die garstige alte Dame kramte irgendwas in einer Ecke. Die Fünf-Dollar-Note war weg. „Hey, mein Wechselgeld? Ich bekomme noch 4,50 $ zurück." Als ich keine Antwort bekam, wurde ich lauter. „Oh, dann eben nicht!" Ich ging an das Regal und nahm mir mein Wechselgeld in Form von Schokoriegeln. Jetzt betrat Katrin die Szene. „Thomas, was ist los? Wo bleibst du denn?" Ich erklärte ihr kurz den Sachverhalt, sie wurde wütend. Mit einem lauten Wortschwall sagte Katrin der alten Dame ihre Meinung. Die beiden Frauen kamen in Rage. Ich stand daneben und konnte gar nicht glauben, was da passierte. Mit der rechten Hand griff die Ladenhüterin unter die Theke und fuchtelte mit einer Pistole in der Luft herum. „Raus aus meinem Laden!", geiferte sie uns an. „Nichts lieber als das", dachte ich. Doch Katrin hatte jetzt die süßen Riegel in der Hand, die Alte kam hintergerannt, zog Katrin an den Zöpfen. Wir rissen uns los und traten die Flucht aus dem Laden an, hinaus in einen schönen, sonnigen Tag. Ich verstaute meine hart erkämpften Schokoriegel und den Brennstoff in den Packtaschen. Wir pedalierten von dannen, nichts Böses ahnend. 15 km weiter: vier Polizeiwagen und ein Schäferhund. Die Straße war blockiert. Wir wurden gestoppt. Handschellen schnappten zu. Katrin und ich wurden abgeführt, hinein in den Polizeiwagen. Steffen stand sprachlos da, mit weit aufgerissenen Augen. „Tja, Steffen, das ist Amerika!", rief ich ihm zu. Wir kamen ins Untersuchungsgefängnis von Ukiah, Katrin bei den Frauen, ich bei den Männern. Splitternackt stand ich da, alle Ketten, selbst der Ohrring wurden entfernt. Ein orangefarbiger Overall und zwei viel zu große Turnschuhe wurden mir durch ein Fenster, ähnlich wie das Bargeld in einer Bank, durchgeschoben. Jetzt wurden noch Formalitäten erledigt, Fingerabdrücke genommen, eine Unterschrift verlangt. Fertig war der Untersuchungsgefangene. Weil alle Betten belegt waren, bekam ich eine gepolsterte Plastikwanne, die ich auf den Boden einer Gemeinschaftszelle postieren musste. Viele Gesichter beäugten mich. Die meisten erinnerten mich an Mexiko. Als ich meine Geschichte zum Besten gab, bogen sich meine Zuhörer vor Lachen. Doch schon die paar Stunden des Eingesperrtseins genügten mir. Ein unbändiger Drang nach draußen, nach der Freiheit eines sonnigen Tages schien mich zu überwältigen. Wie lange werde ich, werden wir hier eingesperrt bleiben, unschuldig - war ich mir sicher. Doch das zählt hier wahrscheinlich nicht. Die Spielregeln müssen etwas anders sein als bei mir zu Hause in Deutschland. Wie dem auch sei. Ich musste warten. Tage? Vielleicht Wochen? Alles schien möglich. Wie wird es Katrin gehen? Wie meiner „Else"? Was macht Steffen? Auf keine Frage konnte ich im Moment eine Antwort finden. Zermürbend. Die Uhr verriet mir die Zeit und zwei Milchglasscheiben, nicht breiter als 7-8 cm, ließen nur erahnen, ob die Sonne scheint oder ob es regnet. Nachtruhe. Ich konnte nicht schlafen, die

Ereignisse des Tages spulten sich immer wieder vor meinem geistigen Auge ab - wie ein schlechter Film.

Der ganze Tag war geregelt, es gab Essen, dies und das und jenes - alles von außen gesteuert. Am anderen Morgen wurde über Lautsprecher verkündet, wer vor dem Richter zu erscheinen hat. Mein Name fehlte. Noch einen Tag warten? Doch dann, als alle Kandidaten des Richters weg waren, drang eine Nachricht an mein Ohr, die ich nicht mehr erwartet hatte: „Meixner, nimm dein Zeug!" Ich nahm meine Siebensachen zusammen, durfte gehen. „Hast du ein Glück", kam eine Stimme von der hinteren Zellenwand.

Eine Unterschrift und ich stand auf der Straße. Die Sonne blendete mich, schien zu sagen: „Hallo, Thomas, willkommen in der Freiheit!" Doch wo waren meine Begleiter? Katrin wollte ihre Entlassungspapiere nicht unterschreiben, weil sie kein Englisch konnte. So wurde sie nicht entlassen. Ich überzeugte sie am Telefon und dann stand auch sie in der Sonne. Die Frau hatte auf Drängen der Polizei ihre Anzeige gegen uns fallen gelassen, bekamen wir zu hören. „Na, was für ein Glück!", dachte ich. Steffen kam auch angeradelt. Er hatte die Nacht in einem Motel verbracht. Die Polizisten, die unsere Fahrräder in einer Polizeistation sicher verwahrt hatten, boten uns an, uns zu derselben Stelle zu fahren, an der sie uns „aufgeladen" hatten. Wir standen - wieder vereint - auf der Straße des Abenteuers. Katrin lächelte an diesem Tag nicht. Ich verstand sie nur zu gut. Sie war die ganze Nacht in einer mit Edelstahl verkleideten Einzelzelle untergebracht gewesen, wurde nicht zu den anderen gelassen. Der Grund hierfür war die fehlende Unterschrift der Papiere, die ihr bei der Einlieferung vorgelegt wurden; diese waren natürlich auch in Englisch.

Gemächlich rollten die Räder weiter, immer noch bergauf, bergab - Oregon und Washington entgegen. An einem trüben Tag durchquerten wir den „Red-Wood-Nationalpark" einer Stelle, der wir schon lange entgegengefiebert hatten.

Hier begrüßten uns uralte, bis zu 120 m hohe Baumriesen. Gigantisch.

Doch als sich unser Dreierteam so richtig aufeinander abgestimmt hatte, hieß es schon wieder Abschied nehmen. Kurz vor Seattle war es dann so weit. Ich übergab den beiden ein paar Souveniers, die sich in den letzten Wochen angesammelt hatten. Ein paar Dia-Filme waren dabei.

Und so schnell, wie sie in mein Reiseleben gekommen waren, so schnell war diese Episode zu Ende. Ich war wieder allein, sah mir noch die Regenwälder des feuchten Olympic-Nationalparkes an und betrat schließlich Anfang Mai eine kleine Fähre, die an einem schönen Frühlingstag von Port Angeles ablegte.

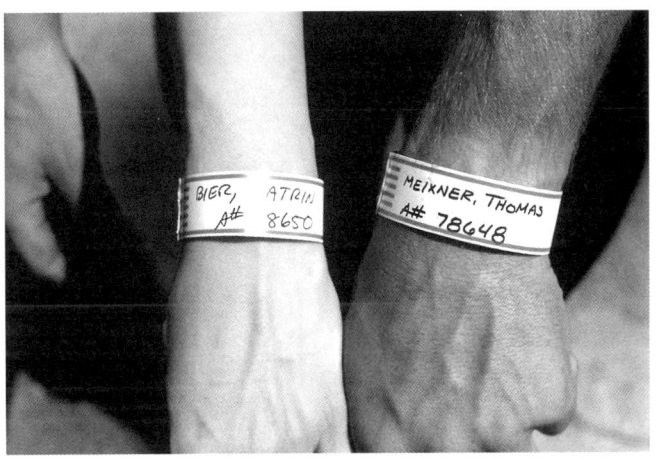

Diese Armbänder mit Registriernummer gab es im Untersuchungsgefängnis gratis mit dazu

Bärspray

Dort drüben, am Horizont, sah ich das große „Vancouver Island". Das war es: Kanada. Victoria hieß mich willkommen, eine charmante Stadt, ganz im Süden dieser schönen Insel. Ich fühlte mich von der ersten Sekunde an wohl in diesem riesigen Land der Totempfähle und unendlichen Weiten.

Kanada kam gleich hinter Russland auf Rang zwei, was die geografische Größe betraf. Und noch an diesem Abend suchte ich eine Adresse deutscher Auswanderer auf. In Sidney sollen die beiden mir noch Unbekannten wohnen. Seit dem Anfang meiner langen Reise war diese Adresse in meinem Buch, von Freunden aus Wolfen Verwandte, die vor einigen Jahrzehnten hier gelandet waren. Nach langem Suchen fand ich die kleine Straße und stand vor einem sauberen, schönen Haus. Ich wurde freundlich empfangen und vier Tage lang umsorgt. Es gab herrliche Hausmannskost: Kartoffeln, Mischgemüse, Schnitzel...und ein frisch bezogenes Bett.

Bei den Indianern in Kanada gab es Totempfähle zu sehen

Eigentlich wollte ich von hier aus direkt in Richtung Ostküste aufbrechen, mich so schnell wie möglich Toronto nähern. Ein Blick auf meine Digitaluhr verriet mir, dass ich sehr zeitig in diesem großen und letzten Land meiner Amerikatournee angekommen war. Und dann war da noch dieses interessante Journal, das dort in einer Ecke lag. Irgendwas mit Alaska stand als Überschrift. Ich blätterte im Heft, sah noch einmal auf meine Uhr, überschlug die Kilometerberechnung. Es war machbar. Sofort kam die gewohnte Unruhe in mir auf. „Hummeln im Hintern", würde mein Großvater sagen. Es ging nicht anders, ich musste einfach hoch in den hohen Norden. Als ich meinen Gastgebern beibrachte, was ich vorhatte, kam nur die Antwort: „Thomas, wenn du mit dem Rad nach Alaska willst, können wir dich nicht halten. Aber wir lassen dich nicht losfahren ohne Bärspray. Darauf bestehen wir." Ich fand das ganz schön lächerlich - eine Waffe gegen Bären. Aber da die beiden darauf bestanden, tat ich ihnen den Gefallen. Teuer, sehr teuer war die kleine, einem Feuerlöscher ähnliche Spraydose, die angeblich sechs Meter weit sprühen konnte. Jetzt ließen sie mich ziehen.

Ich überquerte das Wasser nach Vancouver und radelte hinein in die Küstenberge, hinein in einen kühlen Mai. Es dämmerte schon und ich strampelte immer noch. Die Straße bog nach rechts ab, ich wollte eine Verschnaufpause einlegen. Dann sah ich ihn; keine 10 Meter entfernt fraß er in aller Seelenruhe das saftige Gras am Straßenrand. Ein riesiger, ausgewachsener Bär war es, der dort sein Abendbrot verzehrte. Ich verschob meine Pause, kurbelte wie wild weiter. „Thomas, ohne Bärspray lassen wir dich nicht losfahren", hallte die Ermahnung meiner Gastgeber in meinem Kopf. Glück gehabt, das Spray konnte in der Tasche bleiben. Und dann ging es los. Gleich am zweiten Tag auf Kanadas Festland begann der Anstieg im Küstengebirge. Dazu kam strömender, kalter Regen. Man, war das wieder nervig. Ich hatte keine Wahl. Machte mich der Schweiß von innen nass oder der Regen von außen? Egal. Ich ließ die Regenjacke an. Der Schweiß war wärmer als das Wasser von oben.

Die Straße Nr.97, der so genannte „Gold-Rausch-Weg", zog sich hin. Ziel war Prince George. Spätestens hier musste ich eine Entscheidung treffen: Sollte ich weiter nach Dawson Creek, wo der Alaska Highway beginnt, nach Norden oder sollte ich den nicht ganz so berühmten Highway Nr.37, den so genannten „Cassiar Stewart Highway" nehmen? Letzterer sollte ruhiger sein und noch mehr Natur bieten, was auch immer das heißen mag. Tja, man hat es nicht leicht auf so einer Tour. Ich schob die Qual der Wahl noch ein wenig raus. Angekommen in Prince George, einer kleinen Stadt inmitten von British Columbia, suchte ich das Native Friendship Centre (Indianer-Freundschaftszentrum). In dem Versammlungsraum des kleinen Museen mit Souveniershop umschwärmten mich zwei nette Ureinwohnerinnen. Sie waren ganz begeistert von meinen Geschichten aus aller Welt. Ich wurde zum Tee eingeladen und bekam eine schöne Indianerkette mit auf den Weg. Ich hatte mich für den „Mehr Natur Highway" entschieden, wollte rauf zum Yukon, obwohl die Straße stellenweise ohne Belag war. Aber das kannte ich ja schon.

Und tatsächlich war ich hier oben mit meiner „Else" fast ganz allein. Nur wenige Ortschaften gab es. Ich kurbelte in aller Ruhe auf und ab. Doch dann verschlechterte sich das Wetter extrem. Tagelang kam ein kalter Regen herunter. Es war ein oft mehrere Stunden andauerndes Naturschauspiel, auf das ich liebend gern verzichtet hätte. Für mich hieß das abends: Raus aus den nassen Klamotten und rein in einen feuchten Schlafsack! Am Morgen: Raus aus dem nassen Zelt, rein in die kalten, nassen Radlersachen! Irgendwie ungesund. Immer wieder mal versuchte ich ein Feuerchen zu entfachen, was dann fast den ganzen Abend in Anspruch nahm. Oft entschied ich notgedrungen, mich im feuchten Schlafsack zu wärmen. An diesen Tagen waren die Anstiege besonders beliebt, erreichte ich doch durch die Anstrengung eine normale Körpertemperatur.

Der Anblick von Bären, meist die kleinen Schwarzbären, war zum Alltag geworden. Ca. 30 von ihnen sah ich auf dem Weg nach Alaska. Das Spray blieb unbenutzt.

Ein riesiges Schild stand rechts am Straßenrand. Mit großen Lettern stand in Farbe „Yukon" geschrieben. Ich war oben angekommen. Hier wimmelte es vor ca. 100 Jahren von Menschen, die alle dem Goldrausch verfallen waren. Jack London holte sich hier die Inspirationen für seine Abenteuerbücher, z.B. „Ruf der Wildnis".

Ein paar Kilometer hinter dieser markanten Stelle stieß ich auf den berühmten Alaska Highway. Während des Zweiten Weltkrieges wurden von mehreren 10.000 Arbeitern, Soldaten, Offizieren und Ingenieuren über 2000 km aus dem Boden gestampft, um im Falle eines Falles das Kriegsgerät und die Mannschaften schnell in den hohen Norden zu schaffen. Ein gut geteertes Asphaltband wand sich vor meinen Augen durch das Grün der Fichten.

Ein Schwarzbär sah mich an der Straße in Kanada

Chris

Ich versuchte irgendeinen Tagesrhythmus zu finden, machte immer nach 50 km eine längere Mittagspause. Ich saß gerade auf einem Stein, trank etwas Wasser, aß ein paar Kekse und döste vor mich hin, als ein Fahrrad vor mir auftauchte. Es hatte sogar einen Hänger. Ein blonder, junger Mann stieg ab, klappte den Ständer runter, steckte sich eine Zigarette an und kam qualmend und mit einem verschmitzten Lächeln auf mich zu. Er schüttelte mir kräftig die Hand und fragte: „Na, wo willst du hin?" - „Nach Fairbanks", antwortete ich ihm. Wir fuhren gemeinsam durch den Nachmittag, der zur Abwechslung mal ohne Regen blieb. Und so kam ich zu einem „Leidensgenossen". Für die nächsten Wochen konnte ich meine Monologe, die ich sonst allein auf meiner „Else" führte, gegen die viel interessanteren Dialoge mit Chris tauschen. Doch mein Reisegefährte war ein starker Raucher. So jede Stunde musste er anhalten, sein Nikotinpegel bestimmte den Tagesablauf. Für mich hieß das 10 Minuten Pause. Nervös zog er immer eine Blechschachtel aus einer Packtasche und drehte sich eine Zigarette. Aber, was soll ich sagen? Für mich hatte dieser Reiserhythmus etwas Entspannendes.

Zusammen erreichten wir Whitehorse, die Hauptstadt vom Yukon Territory. Nur 30.000 Einwohner leben hier. Es gab ein paar kleine Supermärkte und einen öffentlichen Waschsalon. Wir teilten uns eine große Waschmaschinenladung und füllten unsere Packtaschen mit Lebensmitteln auf. Bevor wir Dawson City erreicht haben würden, gab es keine Möglichkeit mehr, preiswert Nudeln, Zucker, Reis, Haferflocken, Schokoriegel usw. einzukaufen. Bis dahin waren es so um die 500 km, ein „Katzensprung" im großen Kanada.

Im strömenden Regen verließen wir im Halbdunkel die Stadt. Frisch geduscht, mit gewaschenen Sachen und voller Kalorien im Gepäck, klopften wir an einer kleinen Kirche an, bekamen die Erlaubnis, unter einem Vordach zu nächtigen. Der Regen prasselte die ganze Nacht aufs Dach. Am

Morgen, der einer kalten Waschküche glich, quälten wir uns aus unseren Schlafsäcken, in denen wir am liebsten den ganzen Tag geblieben wären. Aber, was soll's, die Straße rief. Die alte Goldgräberstadt Dawson City wartete auf unseren Besuch.

Klondike Highway hieß das schmale Asphaltband, das uns durch Wälder und hügelige Landschaft trug. Das hörte sich schon gewaltig nach Goldrausch und tollen Erlebnissen an. Unser Abenteuer kam immer noch nass und kalt in Form von Regen vom Himmel. Wir versuchten einen trockenen Rastplatz am einsamen Straßenrand ausfindig zu machen. Eigentlich liebten wir die Touristikunterstände überhaupt nicht. Wir belächelten sonst auch die „normalen" Reisenden, die selbst in der Wildnis des Yukon nicht auf die Annehmlichkeiten der Zivilisation verzichten wollten. Nun, wir waren doch froh, wenn wir abends unter einem Dach auf einer Bank und an einem Tisch sicher sein konnten. Geschützt vor dem Dauerregen saßen wir da - oftmals total erschöpft und durchnässt. Während wir warteten, dass das Teewasser siedete, nahmen wir - natürlich aus medizinischen Gründen - einen Schluck Whisky aus einer typischen flachen Plastikflasche und kamen uns ein bisschen vor wie die Goldsucher, die sicher hier vor 100 Jahren auch mit dem Wetter zu kämpfen hatten bei ihrem Abenteuer.

Ein paar Kilometer vor Dawson machte uns ein großes Schild mit der Aufschrift „Dempster Highway" auf die Abzweigung nach Inuvik aufmerksam. Am liebsten wäre ich hier abgebogen, denn die Kiesstraße führte hoch zum Delta des Mackenzie Rivers, vorbei an einsamer Natur. Aber Dawson City, die alte Goldgräberstadt, hatte auch etwas Anziehendes und war nur einen „Katzensprung" entfernt.

So zogen wir an einem sonnigen Vormittag in diesen 2000-Seelen-Ort ein, deren Anzahl sich in den Sommermonaten durch die Feriengäste verdoppelt. Das war uns in diesem Moment egal. Wir wollten ein, zwei Tage ausruhen und in einen „richtigen" Saloon gehen. Es wurde eine lustige

Nacht, mit ausgelassener Stimmung - so muss es früher auch gewesen sein.

Und ein bisschen verrückt sind die Bürger von Dawson schon, z.B. wohnt am anderen Ufer des Yukon ein junger Mann, den sie „Cave man" nennen. Sommers wie winters (-40°C sind hier keine Seltenheit) haust er ohne Strom und fließend Wasser in einer Höhle. Andere Bewohner haben sich ein riesiges Indianerkanu aus Birkenrinde gebaut und paddeln täglich unter viel Geschrei auf dem kalten, schnell strömenden Fluss. Irgendwie verrückt war es letztlich auch von uns, sich so weit in den Norden und die Einsamkeit der kanadischen Wälder zu wagen - und das auf unseren Drahteseln.

Jetzt im Sommer wurde es nie ganz dunkel, ein Dämmerlicht erhellte nachts die ganze Gegend.

Die Räder rollten wieder, holpern wäre der bessere Ausdruck, denn die Straße bestand entweder aus löchrigem, sehr schlechtem Asphalt oder aus platt gewalztem Kies. Auf kanadischer Seite trug diese unbefestigte Straße den hochtrabenden Namen „Top of the world highway". Nachdem wir den Grenzübergang „Poker Creek" in Richtung USA überquert hatten, hieß sie „Taylor Highway" und gehörte zu Alaska. Wir hatten uns den nördlichsten Grenzübergang dieser zwei Länder ausgesucht, an dem nur zwei Leute wohnen: ein Zöllner aus Kanada und ein Zöllner aus den USA.

Drüben auf der USA-Seite gab es eine Begegnung der besonderen oder vielleicht doch der typischen Art. Ein Auto hielt neben uns an. Wir stoppten. Eine schwarzhaarige Frau mittleren Alters stellte sich uns lallenderweise als Kareen vor, sie wäre Straßenarbeiterin. „Ich fahre hier die Walze, Jungs. Seid ihr wirklich mit den Rädern hier raufgekommen?" Mehr belustigt als verärgert gaben wir ihr die gewünschte Auskunft. „Hey, Jungs, ich bin total zugekifft, habe im letzten Nest noch mit den Goldsuchern eine Weile gesoffen, aber wenn ihr nach Fairbanks kommt, macht bei mir Halt." Sie kritzelte ihre Adresse in mein Buch, machte noch ein paar Fotos von uns „Helden der Landstraße" und stieg wieder in ihr Auto. Wir schüttelten nur die Köpfe und traten wieder in die Pedalen.

Geschafft. Der gut asphaltierte Alaska Highway war erreicht. Ruhig rollten wir dahin, unserem Ziel Fairbanks entgegen. Auf diesen letzten gemeinsamen Kilometern trafen wir noch viele interessante Menschen. In dem kleinen Nest Tok stießen wir auf zwei Heidelberger Studenten, die mit Laufhängern die 2500 km des Alaska Highways per Pedes zurücklegen wollten. Einer hatte aber schon aufgegeben und seinen Hänger an ein Fahrrad gekuppelt. Nur einer lief noch fleißig, hatte an diesem Tag 70 km geschafft! Wahnsinn. Und dann, an einem Abend, kam uns ein „alter Bekannter" entgegen: Tilmann Waldtaler aus Tirol, den ich nur aus Büchern und Kalendern kannte, hielt an der gleichen Tankstelle wie wir. Das freundliche Lächeln des Radveteranen war hinter einem Bart und wuscheligem Kopfhaar versteckt. Die Nickelbrille blitzte im Abendlicht. Er streckte uns die Hand entgegen, stellte sich vor: „Hey, ich bin Tilmann." Ich gab ihm als Antwort, dass ich ihn „erwartet" hätte, denn man hatte uns unterwegs erzählt, dass er hier oben radelt. So verbrachten wir einen schönen Abend am Lagerfeuer, manch Geschichte wurde zum Besten gegeben. Seit 33 Jahren schon erkundet Tilmann unsere Erde auf vielen Touren per Rad, schreibt Bücher, hält Vorträge. Weit in der Nacht krochen wir in unsere Schlafsäcke und mussten viele Mücken jagen, die sich in unseren Zelten versteckt hatten, bevor wir friedlich einschliefen.

Weiter ging's, bis uns von einem riesigen Betonschild mit blauen Buchstaben das magische Wort „Fairbanks" entgegenlachte. Es war geschafft. Wir waren am Ziel. Die Adresse rausgekramt, suchten wir Kareen, die Straßenwalzenfahrerin. Sie wohnte gemeinsam mit ihrem Freund in einem kleinen Häuschen am Stadtrand. Dort konnten wir zelten. Neben unserem Lager standen Sauna und „Plumpsklo". Wir hielten es hier aber nur eine Nacht aus. Schuld waren nicht die Millionen Mücken, die mit jedem Sommertag immer blutrünstiger wurden, sondern unser Wandertrieb. „Weißt du was, Chris, ich möchte noch hinauf zum Polarkreis, sozusagen als nördlichen Abschluss Amerikas. Was ist, kommst du mit?", fragte ich meinen Reisebegleiter am anderen Morgen. Die nur noch 320 km auf einer Kiesstraße waren ihm nicht zu weit, das Ziel lohnend. Immer an der Rohrtrasse entlang, die das „schwarze Gold" von den Ölfeldern der Prudhoe Bay hinunter nach Anchorage befördert, ging es auf einer hügeligen Piste weiter. Der typische Fichtenwald war unser Begleiter, wurde immer kleiner und spärlicher, im Gegensatz dazu wurden die Mücken immer größer und angriffslustiger. Die Sonne heizte die Luft des Tages auf 27°C. Wir schwitzten bei jedem Anstieg, das wiederum lockte die kleinen Vampire noch mehr an, die selbst am hellen Tag nicht mehr pausierten und uns bei jedem Stopp fast auffraßen. Chris hatte eine Panne, es zischte am Rad seines Hängers. Er fluchte, fuchtelte mit seinen Armen, wehrte die Plagegeister ab und versuchte den Schaden zu beheben. So kämpften wir uns weiter nach Norden. Es gab keine Nacht mehr, das Tageslicht war jetzt 24 Stunden präsent hier im Juni in Alaska - ein Phänomen, das ich nur aus dem Geografieunterricht kannte.

Dort hinten,…das waren doch…richtig, zwei Menschen, die zu Fuß unterwegs waren. Unglaublich. Beim Näherkommen konnte ich einen selbstgebauten Hänger erkennen, den einer von ihnen mit Ledergurt über die Schulter zog, ähnlich einem Zugpferd. Eine Sachsenfahne steckte am Gepäck, ein Gewehr war an einer der beiden Zugstangen befestigt. Zwei Sachsen auf dem großen Trip. „Wir sind im Mai ganz oben in Prudhoe Bay los. Da gab's noch Schneesturm", erzählten uns beide. „Und wo soll's hingehen?", wollte ich wissen. „Nach Feuerland", kam es als Antwort, „wir wollen die 33.000 km in vier Jahren laufen." Unglaublich. Wir waren baff, wünschten den „Extremwanderern" viel Glück und Ausdauer, dann zogen sie von dannen.

Hier sitze ich am nördlichsten Punkt meiner Erdumrandung

Wir erreichten den Polarkreis am nächsten Tag. „Arctic Circle 66°33°" stand auf einem schlichten Holzschild. Schmutzig, verschwitzt und völlig ausgelaugt vom Hoch und Runter des „Dalton Highways" und total zerstochen posten wir für die Fotos. Wir kamen uns wie die Sieger der Tour de France vor. In gewisser Hinsicht war es auch ein Siegerfoto: Wir hatten den Norden bezwungen.

Autostopp

Als alles getan war, hielten wir die Daumen raus - es muss ein ungewöhnliches Bild gewesen sein, wir - mit voll gepackten Rädern und dem Hänger - am Polarkreis.

Bald sahen wir einen ganz anderen Bezwinger dieses nördlichen Punktes, einen Pick-up. Der kam uns gerade recht. Wir „schmissen" unsere Räder samt Gepäck auf die offene Ladefläche und wollten so auf bequeme Weise zurück nach Fairbanks. Im Ort angekommen, schien uns die Rückfahrt anstrengender als die tagelange Kurbelarbeit hinauf. Völlig benommen entstiegen wir dem Fahrzeug, bepackten unsere Räder und waren froh und glücklich wieder im Sattel unserer Drahtesel zu sitzen. Nach ein paar Kilometern standen wir wieder vor Kareens Haus, dort, wo wir schon einmal eingekehrt waren. Wir feierten gemeinsam den Mittsommer und liefen die ganze Nacht durch die hellen Straßen von Fairbanks.

Eines Morgens war es dann so weit. Ich umarmte Chris, wie es Freunde tun, und ich war wieder mal allein auf Tour. Ich fuhr zum Ortsausgang, stellte meine „Else" an den Straßenrand und hielt den Daumen in den Wind. Mein Ziel hieß wieder Prince George, ein Ort, noch über 3 000 km entfernt, im Norden von British Columbia. Von dort wollte ich kurbelnderweise über die Rocky Mountains in Richtung Ostküste aufbrechen. Ich trampte einen kleinen Umweg, wollte zuerst Richtung Anchorage, denn ich hatte gehört, der höchste Berg Nordamerikas, der Denali oder auch Mt. Mc Kinley genannt, sollte von dort aus gut zu sehen sein. Deshalb ging es voller Hoffnung gen Süden mit Hilfe mehrerer einsichtiger Fahrer und ihrer Pick-ups. Als ich den Berg dann sah, war es ein überwältigender Anblick. Ich hatte Glück, denn dieses Naturschauspiel bietet sich nicht immer in voller Größe dem Beschauer.

Auf einem Pick-up voller Wochenendangler ging es weiter. Andauernd wurden mir Dosen mit amerikanischem Bier unter die Nase gehalten. Ich lehnte höflich ab, wusste ich doch, wie dieses Gebräu schmeckt. Kurz vor Anchorage stand ich wieder auf der Straße, radelte los bis zum Abend. Ein Auto nahm mich mit, ich bekam einen kleinen Wohnwagen, in dem ich es mir für die Nacht bequem machte. Ich schlief sofort in dem kleinen, etwas klammen Bett ein und verschwand in meinen Träumen.

Am nächsten Morgen ging es zügig mit einem alten Ehepaar weiter. Sie nahmen mich in ihrem riesigen Wohnmobil mit. Für zwei Personen irgendwie überdimensioniert, aber was soll's, sie nahmen mich mit. Über Stunden dudelten US-amerikanische Musical-Melodien. „Wir dachten, du hättest eine Panne", begründeten sie ihre Hilfe. „Nein, ich trampe ganz normal", gab ich zu verstehen. Und das schien die falsche Antwort gewesen zu sein, ihre Mienen wurden ernster, verfinsterten sich. Schweigen breitete sich aus. Das riesige Vehikel rollte gemächlich durch die Weiten Alaskas. Bis Tok ging es mit den beiden. Hier konnte ich auf dem Alaska Highway meine Reise fortsetzen. Ich versuchte es noch einmal mit Trampen. Aber keiner hielt.

Am anderen Morgen stand ich wieder an der gleichen Stelle am Straßenrand, versuchte erneut mein Glück, „Else" an meiner Seite. Der Verkehr war rege. Autos, Wohnmobile, Pick-ups, Trucks - alles fuhr an mir vorbei, keiner hielt. Stunde um Stunde verging. Immer noch stand ich am Straßenrand, hielt den Daumen hoch. Trotz des freundlichen Sonnenscheins musste ich meinen Frust unterdrücken. Dreizehn Stunden stand ich schon hier, rekordverdächtig lange. Jetzt war es genug, ich konnte diese Stelle nicht mehr ertragen. Ich schob „Else" auf den Asphalt, setzte mich drauf und begann zu strampeln. Gleich fühlte ich mich wohler. Als es Abend wurde, konnte ich es mir auf einem betagten, klapprigen Pritschenwagen, der einer alten Indianerfamilie gehörte, bequem machen. Wenigstens ein paar Kilometer konnte ich so sparen, dann radelte ich weiter durch die dämmrige Nacht. Plötzlich hörte ich ein Motorgeräusch, sprang vom Rad, riss den Arm zur Straße. Der Pick-up fuhr erst langsam an mir vorbei, hielt dann aber hundert Meter weiter an. Glücklich saß ich auf einem Beifahrersitz. Bis Whitehorse ging die Fahrt. Ich war im Yukon Territory.

Jetzt ging's flüssiger weiter: Drei Pritschenwagen und ein Truck brachten mich bis weit nach British Columbia hinunter. Übrigens, der riesige Truck mit seinem 550 PS starken Motor transportierte nur eine Fracht: „Else" war die einzige Ladung, einsam festgezurrt hinter dem braunen Fahrerhaus. Andere Fahrer alberten bei einer Rast: „Das muss ja ein besonders schweres Rad sein, das einen ganzen Truck braucht, um transportiert zu werden."

Fort Nelson, Fort St. John, alles schien vorbeizusausen. Mein Fahrzeug hielt an, „Else" wurde abgeladen, zehn Minuten stehen, dann hielt das nächste Auto, die nächsten 400 km waren meine. So machte das Spaß. Wenn ich an die vielen Stunden des Stehens an der Tok Junction dachte,…

Dawson Creek war erreicht. Hier begann der eigentliche Alaska Highway. Ein großes Schild erinnert an die Leistung der Bauleute, die die 2500 km lange Straße in den Vierzigern in nur wenigen Monaten erbauten.

Und schließlich sah ich, nach sieben Tagen und 3300 km per Anhalter, das Ortseingangsschild von Prince George, wo ich auf meinem Weg nach Norden mit meiner „Else" schon mal einen kleinen Stopp eingelegt hatte.

Prärien

„Hallo, kennst du nicht jemanden, bei dem man sein Zelt im Garten aufstellen kann?" Ich stand im örtlichen Fahrradgeschäft von Prince George. Der Kanada Day, ein Nationalfeiertag, stand vor der Tür. Ich hatte vor, ein paar Tage zu pausieren, bevor ich mich über die Rocky Mountains in die Prärie aufmachen wollte. „Klar, es gibt hier einen Mann, der fährt auch gern Rad, dort klappt es bestimmt." Der Mechaniker gab mir einen Zettel mit auf den Weg, das Reihenhaus war schnell gefunden. Im Vorgarten lag verstreut der total zerlegte VW-Motor eines alten Kleinbusses. Ein paar junge Männer dokterten an den Überresten herum. Ich las das Klingelschild: „Krauskopf", also auch diese Familie war deutscher Abstammung. „Hey, ich wünsche einen schönen Tag. Ich habe die Adresse vom Mc-Bike-Fahrradladen und wollte fragen, ob ich hier mein Zelt aufschlagen kann." Ich stand mit meiner „Else" vor ihnen und war auf die Antwort gespannt. „Klar, kein Problem." Wir gingen in den Garten, mir wurde auf englischem Rasen ein schöner Platz zugewiesen.

Schöne Tage bahnten sich an und am dritten Juli standen eine große Bühne und etliche Imbissbuden bereit für die Feierlichkeiten. Die halbe Stadt schien sich an diesem sommerlich sonnigen Tag zu versammeln. Viele Menschen lernte ich wieder kennen, schöne Stunden speicherten sich in meinem Gedächtnis, ein glücklicher Tag neigte sich dem Ende entgegen. Nur eine Sache gab es noch zu erledigen. Ich musste zum Postamt, um ein Päckchen aus der Heimat abzuholen. Meine Tretlagerachse verabschiedete sich bei 85.000 km. Ich hatte mich noch bis Dawson geschleppt, dort in der alten Goldgräberstadt in einem winzigen Radladen das Teil provisorisch gewechselt. Das Originalteil kam von zu Hause nach Prince George, hoffte ich. Glück gehabt, ein Päckchen wartete tatsächlich auf mich. Mutter hatte noch einen dicken Wälzer dazu getan, damit es mir in der

Prärie nicht zu langweilig wird. Na dann gute Unterhaltung!

Es war Zeit zum Aufbruch. Die Räder rollten so langsam gen Osten. Ich strampelte auf dem Yellow Head Highway in die Rocky Mountains hinein. Auf der linken Seite der höchste Berg hier weit und breit, der Mt. Robson (3954 m), und ein Schild „Jasper Nationalpark". Mich erwarteten Naturschönheiten, aber auch tausende Touristen. Das war eigentlich nicht mein Fall. Trotzdem radelte ich langsam, aber stetig durch die imposante Natur. Die vielen Verbotsschilder erinnerten mich an die Heimat. Ich nächtigte auf einem Picknickplatz, was zwar auch verboten war, aber … wo sonst.

Am nächsten Tag konnte ich einen großen Gletscher, das Colombia Eisfeld bewundern. Der ist total erschlossen und schrumpft schon seit Jahren extrem, wie es bei anderen Gletschern auf der Welt leider auch üblich ist. Am Südende des Jasperparks schließt sich gleich der Banff Nationalpark an. Ich bog auf die Straße nach Red Deer ab und radelte runter, hinaus aus der Bergwelt der Rockys. Rückenwind. Es lief wie geschmiert. In Gedanken stellte ich mir schon vor, wie ich mit dem starken Westwind durch die flachen Prärien der Ostküste zu sauste. Als ich jedoch am anderen Morgen meinen Kopf aus dem Zelt steckte, holte mich eine andere Realität ein: Ostwind. Meine nächste Strecke war jetzt zwar total flach, aber Gegenwind in dieser Stärke war eine Nervenprobe. Langsam, sehr langsam rang ich der Straße die Kilometer ab. Ganze zehn Tage hielt diese „Windbremse" an. Dann hatte Mutter Natur Einsehen mit „Else" und mir, ich konnte aufatmen. Der Sommer erinnerte mich an die Tropen. Es war schwül-heiß, knapp unter 40°C und eine Luftfeuchte wie in einer Waschküche. Der Schweiß lief literweise am Körper talwärts. Viel gab es hier nicht zu entdecken. Kornfelder, Kornfelder … Die typischen Speicher, meist aus Holz, standen, mit Schienen verbunden, ziemlich systemlos dazwischen. Man sah sie von weitem, dann war auch eine Ortschaft in unmittelbarer Nähe. Kaum Touristen - das bedeutete: noch freundlichere Menschen. Genau das war auf diesem Streckenabschnitt typisch.

An einem Morgen, es war mein letzter in der Provinz Manitoba, pfiff ich mir ein Liedchen. Bei einem Blick in den Rückspiegel entdeckte ich zwei bepackte Räder. Ich fuhr langsamer und wurde von Sophie und Martin, aus Montreal, eingeholt. Sie sprachen nur wenig englisch, dafür französisch, die offizielle Sprache Quebecs. Die Zeit der Langeweile war in vielerlei Hinsicht zu Ende. Zusammen erkämpften wir uns die Provinz Ontario. Die Etappe der endlosen Weizenfelder und Kornspeicher ging zu Ende. Die Reise zog sich durch Wälder, an Seen vorbei, manche von ihnen schienen die Größe von Ozeanen zu haben. An den Abenden saßen wir im Wald vor unseren Zelten, es gab viel zu erzählen. Ich lernte eine Menge über das große Land, vor allem über die Provinz Quebec. Die Tage der Gemeinsamkeit flogen im Nu vorbei. Wir trennten uns in Sudbury. Ich hatte eine Einladung mehr im Gepäck und wusste nicht, dass es schon bald ein Wiedersehen geben sollte.

Herbst

Immer noch war es tropisch heiß, als ich am Rand der Niagarafälle stand. Es muss ebenfalls ein Feiertag gewesen sein. Alles voller Menschenmassen und ich mitten drin. Der totale „Touristenterror". Mit ohrenbetäubendem Krach tosten die Wassermassen hinunter. Und dort drüben waren die USA, der Bundesstaat New York. Ein Nachmittag war genug und am nächsten Tag hieß das Ziel Toronto, 160 km in der Hitze. Völlig fertig erreichte ich den Stadtrand, sah den über 500 m hohen Tower CN Tower, das Wahrzeichen der Millionenmetropole. Ich schlüpfte bei Bekannten in einem Reihenhaus unter. Eigentlich war ich am Ziel angekommen. Toronto sollte Endstation meiner Amerikaexpedition sein. Ein Blick auf meinen Kalender zeigte mir, dass ich Zeit hatte, ein bisschen mehr von diesem Land zu erkunden. Und außerdem warteten in Montreal Sophie und Martin, meine Weggefährten von Ontario, auf mich. Aber meinen Tag X, an dem ich Kanada verlassen würde, legte ich definitiv fest. Ich kaufte mir ein Flugticket für den 2. Oktober nach Lissabon, der Hauptstadt Portugals, in der Hoffnung, noch ein paar Tage des wunderbaren Indian Summer erleben zu dürfen. Die Herbstzeit soll die schönste sein. Alle Blätter haben dann eine Farbenpracht, die ihresgleichen sucht, und der Sommer haucht dann nochmals übers Land, bevor es still und weiß wird hier im Norden und der Winter das Land mit eisiger Hand regiert.

In Montreal, der charmanten Stadt am St-Lorenz-Strom, vergingen die Tage wie im Fluge. Ich lernte viele neue Freunde kennen, stellte schnell fest, dass dies wieder mal ein Platz zum „Hängenbleiben" war. Ich musste versprechen, auf meiner Reise nach Toronto wieder hier Halt zu machen.

Die Räder rollten am Fluss entlang. 27.000 km waren auf dem amerikanischen Kontinent abgekurbelt. Das machte sich bei „Else" bemerkbar. Ihre Kettenräder waren total abgenutzt, auch Kette und Zahnkranz sahen nicht besser aus. Ich fand eine Werkstatt mit einem freundlichen Menschen. Hier tobte ich mich mal wieder so richtig aus: eine Reparaturwerkstatt mit allem Drum und Dran! Nach getaner Arbeit stand ich mit frisch überholtem Rad an der Straße - die beste Voraussetzung für den Rest der Reise bis nach Hause.

Die kleinen Provinzen im Osten hatten auch ihren Reiz, z.B.: Nova Scotia, Prince Edward Island, zugleich die kleinste Provinz Kanadas. Ich kam mir ein wenig wie in Schottland oder Irland vor. Und dann gab es da noch New Brunswick und eine Insel ganz am nördlichsten Zipfel: Neufundland. Die erreichte ich an einem Sonntag. Im Sonnenuntergang glänzte die Autofähre, die in den Port Aux Basques einfuhr. Ein kleiner Leuchtturm begrüßte mich aus der Ferne und das Meer schien sich im Widerschein der Abendsonne in flüssiges Gold zu verwandeln.

Ein Blick von hinten

Hier oben, auf dieser mystischen Insel, war die Zeit der Hitze endgültig vorbei. Angenehme Tage und kühle Nächte kündigten den Herbst an. Und Regentage wurden nicht die Ausnahme. Auf und ab durch urwüchsige Landschaft ging es mit meiner „Else". Dann bekam ich die Stadt St. Johns zu

Gesicht. Hier war vor ca. 100 Jahren die letzte Station der Schiffe, die auf Expedition in die Arktis fuhren oder zum Fischen in den hohen Norden ausliefen. Strömender Regen. Total durchgeweicht waren meine Sachen und entsprechend kalt mein Körper, als ich am Ziel ankam. Trotzdem gönnte ich mir die paar Kilometer noch, um den östlichsten Punkt Nordamerikas zu erreichen. Am Cape Spear kam dann noch dichter, kalter Nebel dazu, so dass ich etwas suchen musste, um an dem alten Schild zu stehen, das mir anzeigte, dass es nun wirklich nicht weiter östlich ging. Völlig zufrieden radelte ich nach St. Johns zurück, nächtigte dort in einem Motel. Das weiche Bett und die warme Dusche verdankte ich einem Pärchen, den Betreibern dieser netten Bleibe, mit einem großen Herzen für Fernradler. Getroffen hatte ich sie irgendwo an der Straße.

150 km lang war meine letzte Etappe auf Neufundland. In Argentia wartete schon die Fähre zurück aufs Festland. Es war schon dunkel, als wir ablegten. Ich saß versunken in einem weichen Polstersessel und dachte etwas wehmütig über die schönen Tage auf dieser großen Insel nach. 16 Stunden, eine ganze Nacht lang, schipperten wir übers Wasser. Am Morgen, als die Sonne den Mond ablöste, kam das Festland in Sicht.

Eigentlich müsste ich den gleichen Weg wieder zurückradeln. Wenn ich aber nur noch bis Halifax, einer Stadt an der Ostküste von Nova Scotia, kurbeln würde, könnte ich mit dem Zug weiterfahren. Eine Bekannte aus Montreal, die bei der Bahn arbeitet, hatte mich informiert, dass ihr „großer Boss" meine Fahrt sponsern würde. Obendrein gäbe es noch ein T-Shirt. Das sollte ja wohl kein Problem sein: ein bisschen Bahnwerbung mit T-Shirt und dafür kostenlos fahren, toll. So einfach kann's gehen. Halifax erreichte ich zwei Tage zu früh. Ich entschloss mich, die verbleibende Zeit einsam im Busch zu verbringen, ohne eine Menschenseele, ohne Radio, nur mit Buch, die kanadische Natur genießend. Bevor ich aber die Flucht in die Einsamkeit auf

Zeit antrat, klopfte ich im Büro des „Herold" an. Ein begeisterter Reporter dieser großen Tageszeitung „quetschte" mich förmlich aus und machte Fotos von „Else" und mir.

Fertig, jetzt konnte es losgehen. Für dieses Experiment den richtigen Platz zu finden fiel mir nicht schwer. Runter von der Straße, das Rad ein paar hundert Meter in den Wald hineingeschoben, schon stand ich an einem See. Ich platzierte mein Zelt, machte Feuer, kochte Tee, setzte mich auf einen großen Stein - mit mir und der Welt zufrieden. Die zwei Tage verbrachte ich tatsächlich allein, las in dem dicken Wälzer, mischte Mehl und Wasser zu „Knüppelbroten", die ich am Feuer buk. Keine Kommunikation zur Außenwelt, das hieß auch konsequenterweise: kein Radio hören.

Als ich nach dieser Auszeit in Halifax vorm Gebäude der Tageszeitung stand, flatterten die Fahnen auf halbmast. Was war geschehen? Ich betrat die Empfangshalle, die bedrückte Stimmung wirkte fast körperlich. „Was ist denn passiert?", fragte ich an der Rezeption, als ich die Zeitungsexemplare mit dem Artikel über mich gereicht bekam. „Was denn, das wissen Sie nicht?", kam die verwunderte Antwort von der Empfangsdame. „Nein, ich war zwei Tage im Busch", entschuldigte ich mich, „ich habe nicht mal Radio gehört." Sie legte mir die Zeitung vor die Nase. Unglaublich. Auf dem großen Titelfoto sah ich die Trümmer des World Trade Centers von New York. Das war gar nicht so weit weg, nur ein paar hundert Kilometer. Ich zog betroffen von dannen, fand mich am Bahnhof wieder, der von Menschenmassen wimmelte. Die Fahrkartenschalter waren zu, es gab keine Fahrkarte mehr, da alle Flüge aus Sicherheitsgründen gestrichen worden waren, versuchte wahrscheinlich jeder per Eisenbahn übers Land zu kommen. Nur gut, dass meine Fahrkarte eingeplant war. Ich holte das Päckchen mit T-Shirt und Karte ab, schob meine „Else" in Richtung Bahnsteig. „Halt, so können Sie nicht mitfahren!" Ein Bahnbeamter in Uniform baute sich vor mir auf. „Wieso?", konnte ich mich nur wundern. „Das Rad muss in eine Kiste." - „Das ist ja wie beim Fliegen." Ich war platt. Also verfrachtete ich meinen Drahtesel in eine große Box aus Wellpappe, stieg in den Zug und wartete auf den Abpfiff.

Der Zug ratterte nur ganz langsam über die Gleise durch die Nacht. Die polternden Geräusche erinnerten mich an meine Jugend in der DDR, an die alten Züge der Reichsbahn, die im selben Stil über den Schienenstrang rumpelten.

Überall im Abteil umfing mich aufgeregtes Getuschel. Der 11. September, der Tag, an dem zwei Flugzeuge die Türme des World Trade Center zerstörten, war in aller Munde und in den Köpfen.

Ich döste vor mich hin, wachte immer wieder mal auf. Halb saß ich, halb lag ich. Es war eine schreckliche Nacht. Ich sehnte mich nach meinem Schlafsack, meinem Zelt, der Ruhe und der Einsamkeit der Natur.

Am anderen Vormittag rollten wir auf dem Bahnhof von Montreal ein. Meine große Kiste musste ich am Sperrgutschalter abholen. Ich befreite „Else" schleunigst aus ihrer Papphülle und machte sie startklar für die Großstadt.

Auf der Suche nach der Adresse von Lyssa und Caroline kurbelte ich durch die Straßen. Abseits vom Zentrum, aber in einer belebten Straße wurde ich fündig. In dem zweistöckigen Haus durfte ich mit meinen Utensilien das Computerzimmer beziehen. Meine Isomatte und den Schlafsack ausgerollt, schon war mein Quartier auf Zeit bezogen. Zwei Wochen vergingen wie im Fluge. Für zwei Tage fuhren wir in die Appalachen rüber, in den Bundesstaat New York, trotteten durch die Berge. Jeden Tag lernte ich mehr Leute kennen, wie so oft, wenn man irgendwo auf dieser Welt mal länger verweilt.

„Kannst du sportklettern?", fragte mich meine Gastgeberin. Voller Vorfreude wartete ich auf das, was dann noch kommen sollte. „Wir fahren morgen früh in die Berge. Du kannst mit."

Am anderen Tagen saß ich in einem voll bepackten Auto in Richtung Natur. Da muss man in Kanada nicht allzu weit fahren. Durch die Autoscheibe sah ich viele Ahornbäume, die sich schon eingefärbt hatten, der „Indian Summer" hüllte mit seinem Zauber alles in bunte Blätterpracht.

Es versprach ein sonniger Tag zu werden. Ich konnte meinem „Klettertrieb" frönen. Wir durchstiegen etliche Routen. Jedes Mal, wenn ich oben angelangt war, saß ich minutenlang in meinem Sitzgurt und schaute auf ein farbiges Blätterdach. Der Herbst war da und mir wurde komisch zumute. Ein mulmiges Gefühl breitete sich in der Magengegend aus. Das kannte ich doch. Ich wusste, dass meine Tage hier oben gezählt waren. Schon bald komme ich der Heimat und damit dem Ende meiner Reise näher.

Am ersten Oktobertag des Jahres 2001 saß ich wieder im Auto, dieses Mal in Richtung Bahnhof von Montreal. Meine zwei Gastgeberinnen brachten mich zur letzten Tour, die nach Toronto führen sollte. Die Stimmung wäre einer Beerdigung würdig gewesen. Kein Wort fiel. Das Schweigen war hörbar. Die Musik aus dem Radio tat ihr Übriges. Tränen kullerten bei allen Insassen.

Der Zug raste auf Toronto zu: Endstation meiner Amerikareise. Noch ein paar Wochen und alles würde vorbei sein.

Heimwärts

Ich glaube, es war ein Airbus, in den ich spät am Abend stieg. „Else" schlief schon im Gepäckraum. Wir hoben ab, drehten noch eine halbe Schleife. Dort unten war mein Kanada, die Lichter von Toronto funkelten, schließlich wurde das Lichtermeer zu einem hellen Punkt.

Ich schlief ein paar Stunden trotz des sehr unbequem engen Sitzes. Als das Frühstück serviert wurde, war es schon längst hell über den Wolken. Anschnallen. Wir sackten immer tiefer, verloren an Höhe. Land. Europa.

Dort unten, in der Ankunftshalle, wartete ein guter Freund, der sich fünf Wochen freigenommen hatte, um sein Fernweh zu stillen und mir das Nachhausekommen zu erleichtern.

Ich schlenderte durch die Passkontrolle und Andreas empfing mich. Dreieinhalb Jahre hatte ich ihn nicht zu Gesicht bekommen. Seit dem 1.Mai, an dem ich von Wolfen auf meine Reise gegangen bin, haben wir nur ab und zu telefoniert. „Willkommen in Europa!", sagte er begeistert. „Na dann, auf zum letzten Walzer", war meine Antwort. So lenkte mich mein Reisepartner auf Zeit ein wenig vom „Heimweh" nach Kanada ab.

Zuerst mussten wir noch viele Stunden des Flughafenstresses ertragen, da seine Vorderradpacktaschen noch irgendwo umherschwirrten. Erst am Abend kam die erlösende Nachricht vom Auffinden der Taschen und mit vollständiger Ausrüstung fuhren wir hinaus in die Nacht von Lissabon.

Wir schliefen unter dem Dach eines Museums, hätten stundenlang schwatzen können, aber der stressige Tag zollte seinen Tribut. Eingekuschelt in die Schlafsäcke schlummerten wir bald ein.

Einige Stunden des nächsten Tages widmeten wir noch der schönen, alten Stadt und ihren charmanten Menschen, Gebäuden und Gassen. Doch der Wandertrieb ließ uns noch am späten Nachmittag weiter hinaus in ländliche Gefilde ziehen, dem Abenteuer entgegen.

Der schmale „Streifen" Portugal war schnell „in den Waden". Die Grenze Spaniens wurde von uns fast übersehen. Nur eine Tankstelle und eine Wechselstube waren noch intakt, der Grenzpunkt selbst schon lange verlassen. Wir waren auf dem Territorium der EG und Grenzkontrollen sind hier schon Teil der Geschichte.

„Spanien wirkt wie Achterbahnfahren", prophezeite ich meinem Mitstreiter Andreas, „immer rauf und runter geht es hier." Ich sprach aus Erfahrung, kurbelte ich doch schon einmal aus Marokko kommend durch Spaniens Berge in Richtung Heimat. Ich hatte nicht zu viel versprochen. Für Andreas waren die ersten Tage quälend. Und wenn ich ehrlich bin, muss ich zugeben, dass mir die Berge Spaniens auch nicht leicht fielen. Allerdings hatte es bei mir ganz andere Ursachen: Es waren die letzten wirklich großen Anstiege bis zum Ende meiner Reise am 2.Dezember in Wolfen. Ich ging mit nicht mehr so viel Enthusiasmus an Werk, wollte ich doch die Zeit, die mir noch blieb, etwas hinauszögern.

Um nach Frankreich zu kommen, mussten wir die Pyrenäen bezwingen

In Frankreich besuchte ich noch „Brüder und Schwestern" der Straße des Abenteuers, die ich irgendwann mal in Indonesien, Neuseeland oder Tibet getroffen hatte. Fotos wurden gezeigt, von damals, als alle noch glückliche Reisende waren. Und sie waren sichtlich erstaunt, dass ich immer noch auf derselben Tour war. Ehrlich gesagt, hatte ich darüber noch nicht viel nachgedacht. Jetzt erst, beim Erzählen, kam es mir auch ein bisschen unheimlich vor.

Andreas beobachtete die Gespräche, konnte mit unserer Welt nicht viel anfangen, blieb deshalb - im wahrsten Sinne des Wortes - unbeteiligt.

Die Weinlese war schon in vollem Gange, als wir durch das wunderschöne Burgund rollten. Überall lag der Duft des süßen Traubensaftes in der Luft. Irgendwann in den nächsten Monaten wird dieser in den Weinregalen der Welt stehen, gereift von der Sonne meines letzten Reisejahres.

Zwischenzeitlich, d.h. für eine Woche, stieß noch ein verwegener Radler aus heimatlichem Gefilde zu uns, so dass wir zu dritt schon eine kleine Gruppe waren, die unter der Herbstsonne Frankreichs viele Kilometer dahinzog.

Aus der Schweiz kommend, stand ich irgendwann Anfang November des Jahres 2001 auf der Rheinbrücke in Bad Säckingen. Meine beiden Begleiter waren längst wieder im Alltag zu Hause angekommen. Dreieinhalb Jahre lang hatte ich keinen Fuß auf das Territorium meines Landes, der Bundesrepublik Deutschland, gesetzt. Jetzt zog sich etwas in meiner Magengegend zusammen. Ein mulmiges Gefühl machte sich mal wieder breit. Was würde mich hier erwarten? Hatte sich viel verändert? Aber, vor allem: Hatte ich mich verändert? Fragen schossen durch den Kopf. Ich wurde das Gefühl nicht los, gleich in ein Gefängnis zu gehen - von der Freiheit hinein in all die bürgerlichen Zwänge der Gesellschaft, die ich absolut nicht vermisst hatte. Heinrich Heine muss sich so gefühlt haben, als er von Frankreich aus nach Deutschland kam, seine Freiheitsgedanken waren die

„Spezereien", die er im Kopf hatte und die ihm kein Zollbeamter wegnehmen konnte.

Langsam, ganz langsam schob ich meine „Else" hinüber.

Wie sich doch über die Zeit hin die Geschehnisse ähneln.
Ein deutscher Zollbeamter kam auch auf mich zu, beäugte
unser Duo. „Wo kommst du denn her mit deinem voll bepackten Drahtesel?" Verwunderter hätte es nicht geklungen,
wäre ich, wie unser großer Dichter, mit einer Kutsche an
der Grenze erschienen. „Ja, ich komme von einer Weltreise
zurück, war vor dreieinhalb Jahren das letzte Mal an einer
deutschen Grenze", antwortete ich voller Stolz. Der Beamte
schüttelte mir die Hand: „Willkommen daheim." Ich war
überrascht, das hätte ich von einem deutschen „Grenzer"
nicht erwartet. Diese freundliche Geste half mir etwas über
meine „Endzeitstimmung" hinweg.

Der letzte Rest der Reise ist schnell erzählt. Viele Freunde,
Verwandte und Bekannte besuchte ich noch, schlich bei
scheußlich nasskaltem Wetter ganz langsam meinem Ziel
entgegen. Und die Erkenntnis, dass dieses Ziel auch das
Ende war, ließ mich immer langsamer werden. Wusste ich
jetzt doch, dass eigentlich der Weg das Ziel war.

Schluss

Treffpunkt zum „letzten Walzer" war der Marktplatz von Bitterfeld, unserer Kreisstadt. Von dort sollte es die letzten Kilometer rüber nach Wolfen gehen, dem Ausgang meiner Reise. Symbolträchtig.

Als ich aus einer Seitenstraße auf den Marktplatz bog, hätte ich am liebsten sofort den Rückzug angetreten, so viele Menschen hatten sich dort versammelt. Viele von ihnen waren mit ihren Fahrrädern gekommen, bereit den „Helden" auf seinem Endspurt zu begleiten. Fernsehkameras liefen, Zeitungsreporter stellten Fragen über Fragen. Dann endlich setzte sich der Zug in Bewegung. Eine lange Schlange radelnder Menschen zog durch die Straßen.

Am Theaterplatz in Wolfen - eine riesige Traube Menschen, Applaus. Ich durchfuhr ein Zielband, bekam einen Lorbeerkranz und ein gelbes Trikot von der Bürgermeisterin. Ich wurde förmlich erdrückt von den begeisterten Menschen. Doch wo waren meine Eltern? Da hinten. Mutter hatte keine Chance, sich zu ihrem Sohn durchzukämpfen. Alles ging so schnell. In diesem Moment wünschte ich mich in die Einsamkeit der Wüsten zurück. Doch das ging nicht. Ich schob „Else" in das Foyer des Theaters, hier standen ebenfalls viele Menschen zur Begrüßung. Langsam schob ich mich zur Bühne vor. Ich sprach ein paar Worte zu den Menschen. Der Spielmannszug der Stadt setzte zu einem Lied an. Aber leider nicht: „Muss i denn zum Städtele hinaus, …" Das hätte ich am liebsten gehört, hätte in diesem Moment weiterfahren können, mit der Gewissheit, dass hinter der nächsten Kurve ein neues Abenteuer wartet.

Im Kulturhaus in Wolfen wurde meine Reise zu „Grabe getragen"

Kleine Statistik

Tour:

Start: 1. Mai1998, Wolfen
Rückkehr: 2. Dezember 2001 Wolfen
Tourlänge:98951 Kilometer
Bereiste Länder: 34
Strecke: Europa, Asien, Australien, Neuseeland, Australien, Süd- und Nordamerika, Europa
Tage im Sattel: 1047
Ruhetage: 264
Schnitt pro Tag: 94,51 km
Gepäck (inkl. Fahrrad): 60 bis 80 kg
Höchster Punkt mit Fahrrad 5231 m (Tibet; Tranggula Pass)
Höchster Punkt ohne Fahrrad: 6310 m (Equador- Berg Chimborazo)
Tiefster Punkt: 150 m unter N.N. (Senke b. Turfan, China)
Längste Tagesstrecke: 227 km

Ausrüstung:

Villiger „Cabonga" Reiserad
wasserdichte Packtaschen, Packsäcke (Fa. Ortlieb)
Zelt für zwei Personen
warmer Schlafsack
Schlafsackinlett
Iso - Matte
Mückenschutznetz
leichte Hängematte
Benzinkocher
Kochgeschirr, Besteck
Wassersack (4 L), Wasserkanister (6 L)
Wasserfilter, Wasserentkeimungstropfen
Werkzeug, Ersatzteile
Vorratsgefäße

Ausrüstung:

Kamera, Diafilme
kleiner Faltrucksack
warme und leichte Radsachen
Regenjacke, Expeditionshose, Mütze, Handschuhe etc.
Kartenmaterial (Maßstab: 1: 4 Mill.)
Reiseführer, Gesundheitsbuch, Lesebuch
Radio, Stirnlampe, kl. Fernrohr, Kompass
Medizin, Verbandszeug
Waschtasche (Zahnpflege, Seife, Rasierzeug...)
Schreibzeug, Tagebuch, Sonnenbrille, Sonnenschutzcreme,
kleines Plüschtier, Schreibzeug, Pass, Kompass...

Materialverbrauch:

Hinterradnaben: drei
Speichen: ca. 40
Felgen. fünf
Bremsschuhe: neun Sätze
Mäntel: ca. 45
Ketten: neun
Kettenräder: neun (je drei komplette Sätze)
Ritzel: drei
Tretlagerkurbeln: zwei
Des Weiteren etliche Bowdenzüge, Schläuche, einen Sattel,
Trinkflaschen...

Übersicht der Fahrradtour

Land	Ort	Datum
Deutschland	Wolfen(Start)	01.05.1998
	Guben(Grenze Polen)	
Polen	Zielona Góra	
	Warta	05.05.1998
	Lódz	
	Terespol(Grenze Russl.)	
Weißrussland	Brest, Pinsk, Mozyr,	
	Gomel	
Russland	Brjansk, Penza	
	Tol'Jatti	29.05.1998
	Ufa, Omsk, Novosibirsk	
	Bernauj, Rubcovsk	
Kasachstan	Semipalatinsk	
China	Tacheng	14.07.1998
	Ürümchi, Lhasa	
Nepal	Kathmandu	13.09.1998
Indien	Dehli, Agra, Ahmadabad,	
	Bombay, Goa, Hyderabad,	
	Kalkutta	
Bangladesh	Dhaka	
Indien	Kalkutta	
Flug		13.03.1999
Thailand	Bangkok	
Laos		29.04.1999
Malaysia	Singapur	
	Kuala Lumpur	
Fähre		*05.07.1999*
SumatraJakarta		
Java	*Fähre*	19.07.1999
Bali	*Fähre*	31.07.1999
Lombok	*Fähre*	02.08.1999
Sumbawa	*Fähre*	03.08.1999
Flores	*Fähre*	07.08.1999

Timor	*Fähre*	Kupang	14./15.08.1999
	Flug		01.09.1999
Australien		Darwin, Broome, Perth, Albany, Port Lincoln, Port Augusta	
		Adelaide	Dez. 1999
		Melbourne, Sydney	
Neuseeland		Auckland	29.02.2000 bis Ende Apr.
Australien		Sydney, Brisbane, Townsville, Cairns, Alice Springs, Ayers Rock, Adelaide	
		Sydney	Sept. 2000 (Olympiade)
	Flug		29.09.2000
Chile		Santiago de Chile	
Bolivien		La Paz, Cuzco, Nazca, Lima, Trujillo	
Ecuador		Cuenca, Quito	
Columbien		Cali, Medellin	
	Flug		06.01.2001
Panama			
Costa Rica			
Nicaragua			
Honduras			
El Salvador			
Guatemala			
Mexiko		Veracruz, Mexico City, Hidalgo del Paral	
		Aqua Prieta	06.03.2001
USA		Douglas	
		Tucson	08.03.2001
		Phoenix	
		Las Vegas	30.03.2001
		Santa Cruz	10.04.2001
		San Francisco	17.04.2001

Kanada	Vancouver Island	08.05.2001
	Prince George	
	Whitehourse, Dawson	
Alaska (USA)	Fairbanks	
	z.nördl.Polarkreis	

....per Anhalter

Kanada	Whitehourse	

....per Anhalter

	Prince George, Winnipeg,	
	Toronto, Montreal, Québec	
	New Brunswick,	
	Prince Edward Insel	
	Nova Scotia	
Fähre		26.08.2001
Neufundland		
Fähre		03./04.09.2001
	Nova Scotia	
	Halifax	
Zug		
	Toronto	
Flug		03.10.2001
Portugal	Lissabon	
Spanien	Badajoz	
	Toledo, Zaragoza, Huesca	
Frankreich	Pau, Cahors, Mâcon, Beaune	
Schweiz	Delémont, Basel	
Deutschland	Bad Krotzingen, Mannheim,	
	Tambach/Thüringen, Borna,	
	Bitterfeld,	
	Wolfen	02.12.2001

Reisevorbereitungen

Ich habe für diese Reise ca. vier Jahre gespart. Zwei Jahre vor dieser Tour begann ich damit, Informationen über die Länder und Kontinente zu sammeln, durch die ich eventuell reisen wollte (Klima, politische Lage, Straßenverhältnisse, Einreisebestimmungen etc.).

Ich informierte mich in Büchern, sah ausgewählte Dokumentarfilme im Fernsehen und nahm Kontakt mit anderen Langzeitreisenden auf, die schon etwas „Weltreiseerfahrung" hatten.

Ein halbes Jahr vor meinem ultimativen Start kümmerte ich mich intensiv um die Ausrüstung, besorgte mir die ersten notwendigen Visa, tauschte Reisechecks ein und erwarb eine Visacard...

Reisekosten

Für Material, Ausrüstung und die Visa für Weißrussland, Russland, Kasachstan und China, die ich mir vor Reiseantritt beschaffen musste, gab ich etwa 9000 DM (ca. 4500 €) aus.

Nachfolgend habe ich alle Kosten (Lebensmittel, Visa, Eintrittsgelder, Flugtickets etc.), die während meiner Reise in den jeweiligen Ländern angefallen sind, aufgelistet:

Land	Tage	Kosten DM	Kosten Tag/ DM
Polen	7	60	6,57
Weißrussland	7	18	2,57
Russland(GUS)	52	250	4,80
Kasachstan	7	14	2,00
China	58	606	10,44
Nepal	29	570	19,65
Indien	145	1785	12,31

Land	Tage	Kosten DM	Kosten Tag/ DM
Bangladesch	15	83	5,60
Thailand(1.Teil)	25	366	14,64
Laos	26	153	5,88
Thailand(2.Teil)	29	495	17,00
Singapur	5	45	9,00
Malaysia	33	522	15,81
Indonesien	59	743	12,60
Australien(1.Teil)	182	4830	26,53
Neuseeland	58	1000	17,24
Australien(2.Teil)	151	5406	35,80
Chile	30	301	10,00
Bolivien	11	473	43,00
Peru	32	700,90	21,90
Equador	18	606	33,68
Columbien	13	672	51,76
Costa Rica	6	118	19,70
Nicaragua	5	62,35	12,47
Honduras	2	21,50	10,75
El Salvador	4	40,85	10,21
Guatemala	11	236,50	21,50
Mexiko	33	550,40	16,67
USA	64	1848	28,87
Kanada(1.Teil)	33	710	21,50
Alaska(USA2.T.)	17	260	15,29
Kanada(2.Teil)	100	3024	30,24
Portugal	5	50	10,00
Spanien	10	120	12,00
Frankreich	18	301	16,72
Schweiz	9	86	9,55

1 € = ca. 2 DM

Danksagung

Meinen tiefsten Dank möchte ich meinen Eltern ausspre-
chen. Sie haben mich in Frieden ziehen lassen und Verständnis für das große Fernweh ihres Sohnes aufgebracht.
Sie haben die Reise von zu Hause aus begleitet und so manche schwierige Aufgabe zu lösen gehabt. Ohne sie wäre
ohne Zweifel diese Radreise um den Globus nicht zu solch
einem Erfolg gewachsen.

Dank auch an alle Freunde und Bekannten, die zumindest
mit ihren Gedanken so manchen Meter mitgefahren sind.

Großen Dank meiner ehemaligen Klassenlehrerin Frau
Renate Berr. Sie saß so manche Stunde über meinem „Ge-
schmiere" und hat sich doch irgendwie durch die zum Teil
handgeschriebenen Texte durchgefunden. Immer wieder
machte sie mir Mut weiterzuschreiben.

Eine große Dankbarkeit empfinde ich auch gegenüber allen
Menschen der Länder und Kontinente, die ich durchstram-
pelte, die ein Herz für den Fremden hatten, mich aufnah-
men oder mir in irgendeiner Form geholfen haben.

DANKE